农业科技法律法规学习读本

基因农业法律法规

李 勇 主编

汕头大学出版社

图书在版编目（CIP）数据

基因农业法律法规 / 李勇主编 . -- 汕头：汕头大学出版社（2021 . 7 重印）

（农业科技法律法规学习读本）

ISBN 978-7-5658-3197-3

Ⅰ . ①基… Ⅱ . ①李… Ⅲ . ①作物-转基因技术-农业法-中国-学习参考资料 Ⅳ . ①D922.44

中国版本图书馆 CIP 数据核字（2017）第 255073 号

基因农业法律法规　　　　　　　　　*JIYIN NONGYE FALÜ FAGUI*

主　　编：李　勇
责任编辑：邹　峰
责任技编：黄东生
封面设计：大华文苑
出版发行：汕头大学出版社
　　　　　广东省汕头市大学路 243 号汕头大学校园内　邮政编码：515063
电　　话：0754-82904613
印　　刷：三河市南阳印刷有限公司
开　　本：690mm×960mm 1/16
印　　张：18
字　　数：226 千字
版　　次：2017 年 10 月第 1 版
印　　次：2021 年 7 月第 2 次印刷
定　　价：59.60 元（全 2 册）
ISBN 978-7-5658-3197-3

前　言

习近平总书记指出："推进全民守法，必须着力增强全民法治观念。要坚持把全民普法和守法作为依法治国的长期基础性工作，采取有力措施加强法制宣传教育。要坚持法治教育从娃娃抓起，把法治教育纳入国民教育体系和精神文明创建内容，由易到难、循序渐进不断增强青少年的规则意识。要健全公民和组织守法信用记录，完善守法诚信褒奖机制和违法失信行为惩戒机制，形成守法光荣、违法可耻的社会氛围，使遵法守法成为全体人民共同追求和自觉行动。"

中共中央、国务院曾经转发了中央宣传部、司法部关于在公民中开展法治宣传教育的规划，并发出通知，要求各地区各部门结合实际认真贯彻执行。通知指出，全民普法和守法是依法治国的长期基础性工作。深入开展法治宣传教育，是全面建成小康社会和新农村的重要保障。

普法规划指出：各地区各部门要根据实际需要，从不同群体的特点出发，因地制宜开展有特色的法治宣传教育坚持集中法治宣传教育与经常性法治宣传教育相结合，深化法律进机关、进乡村、进社区、进学校、进企业、进单位的"法律六进"主题活动，完善工作标准，建立长效机制。

特别是农业、农村和农民问题，始终是关系党和人民事业发展的全局性和根本性问题。党中央、国务院发布的《关于推进社会主义新农村建设的若干意见》中明确提出要"加强农村法制建设，深入开展农村普法教育，增强农民的法制观念，提高农民依法行使权利和履行义务的自觉性。"多年普法实践证明，普及法律知识，提高法制观念，增强全社会依法办事意识具有重要作用。特别是在广大农村进行普法教育，是提高全民法律素质的需要。

多年来，我国在农村实行的改革开放取得了极大成功，农村发生了翻天覆地的变化，广大农民生活水平大大得到了提高。但是，由于历史和社会等原因，现阶段我国一些地区农民文化素质还不高，不学法、不懂法、不守法现象虽然较原来有所改变，但仍有相当一部分群众的法制观念仍很淡化，不懂、不愿借助法律来保护自身权益，这就极易受到不法的侵害，或极易进行违法犯罪活动，严重阻碍了全面建成小康社会和新农村步伐。

为此，根据党和政府的指示精神以及普法规划，特别是根据广大农村农民的现状，在有关部门和专家的指导下，特别编辑了这套《全国普法学习读本》。主要包括了广大人民群众应知应懂、实际实用的法律法规。为了辅导学习，附录还收入了相应法律法规的条例准则、实施细则、解读解答、案例分析等；同时为了突出法律法规的实际实用特点，兼顾地方性和特殊性，附录还收入了部分某些地方性法律法规以及非法律法规的政策文件、管理制度、应用表格等内容，拓展了本书的知识范围，使法律法规更"接地气"，便于读者学习掌握和实际应用。

在众多法律法规中，我们通过甄别，淘汰了废止的，精选了最新的、权威的和全面的。但有部分法律法规有些条款不适应当下情况了，却没有颁布新的，我们又不能擅自改动，只得保留原有条款，但附录却有相应的补充修改意见或通知等。众多法律法规根据不同内容和受众特点，经过归类组合，优化配套。整套普法读本非常全面系统，具有很强的学习性、实用性和指导性，非常适合用于广大农村和城乡普法学习教育与实践指导。总之，是全国全民普法的良好读本。

目　　录

农业转基因生物安全管理条例

第一章　总　　则 ………………………………………（1）

第二章　研究与试验 ……………………………………（3）

第三章　生产与加工 ……………………………………（5）

第四章　经　　营 ………………………………………（6）

第五章　进口与出口 ……………………………………（7）

第六章　监督检查 ………………………………………（9）

第七章　罚　　则 ………………………………………（10）

第八章　附　　则 ………………………………………（13）

附　录

　农业转基因生物标识管理办法 ………………………（14）

　农业转基因生物标识审查认可程序 …………………（18）

　进出境转基因产品检验检疫管理办法 ………………（20）

　农业部关于进一步加强农业转基因生物

　　安全监管工作的通知 ………………………………（25）

　农业部办公厅关于做好 2017 年农业转基因

　　监管工作的通知 ……………………………………（29）

　黑龙江省食品安全条例（转基因部分摘录）…………（33）

　湖北省农业转基因生物安全管理实施办法 …………（38）

　朝阳市人民政府办公室关于加强农业转基因生物

　　安全监管工作的通知 ………………………………（43）

深圳市农业转基因生物安全监督检查办法 …………………… （45）

农业转基因生物进口安全管理办法

第一章　总　　则 …………………………………………… （48）

第二章　用于研究和试验的农业转基因生物 ………………… （49）

第三章　用于生产的农业转基因生物 ………………………… （50）

第四章　用作加工原料的农业转基因生物 …………………… （52）

第五章　一般性规定 ………………………………………… （53）

附　录

农业转基因生物材料入境审批书审批工作规范 ………… （54）

进口农业转基因生物直接用作消费品审批工作规范 …… （59）

境外研发商首次申请农业转基因生物安全证书［进口］

审批工作规范 ………………………………………… （62）

境外贸易商申请农业转基因生物安全证书［进口］

审批工作规范 ………………………………………… （66）

关于转基因审批方面的管理办法

农业转基因生物加工审批办法 ……………………………… （69）

农业转基因生物安全审批书审批工作规范 ………………… （72）

附　录

农业转基因生物安全证书［生产应用］审批工作规范 …… （76）

开展林木转基因工程活动审批管理办法 …………………… （80）

农业转基因生物标识审查认可批准文件审批工作规范 …… （87）

转基因棉花种子生产经营许可规定 ………………………… （90）

基因工程安全管理办法

第一章　总　　则 …………………………………………… （94）

第二章　安全等级和安全性评价 ……………………………（95）

第三章　申报和审批 …………………………………………（96）

第四章　安全控制措施 ………………………………………（98）

第五章　法律责任 ……………………………………………（98）

第六章　附　则 ………………………………………………（99）

附　录

　　农业转基因生物安全评价管理办法 …………………（102）

　　农业转基因生物安全评价管理程序 …………………（119）

　　农业转基因生物安全委员会工作规则 ………………（122）

　　转基因作物田间试验安全检查指南 …………………（126）

　　畜禽遗传资源保种场保护区和基因库管理办法 ………（130）

农业转基因生物安全管理条例

中华人民共和国国务院令

第 687 号

现公布《国务院关于修改部分行政法规的决定》，自公布之日起施行。

总理　李克强

2017 年 10 月 7 日

（2001 年 5 月 23 日中华人民共和国国务院令第 304 号公布；根据 2011 年 1 月 8 日《国务院关于废止和修改部分行政法规的决定》修订；根据 2017 年 10 月 7 日中华人民共和国国务院令第 687 号修改）

第一章　总　　则

第一条　为了加强农业转基因生物安全管理，保障人体健康和动植物、微生物安全，保护生态环境，促进农业转基因生物技术研究，制定本条例。

第二条 在中华人民共和国境内从事农业转基因生物的研究、试验、生产、加工、经营和进口、出口活动，必须遵守本条例。

第三条 本条例所称农业转基因生物，是指利用基因工程技术改变基因组构成，用于农业生产或者农产品加工的动植物、微生物及其产品，主要包括：

（一）转基因动植物（含种子、种畜禽、水产苗种）和微生物；

（二）转基因动植物、微生物产品；

（三）转基因农产品的直接加工品；

（四）含有转基因动植物、微生物或者其产品成份的种子、种畜禽、水产苗种、农药、兽药、肥料和添加剂等产品。

本条例所称农业转基因生物安全，是指防范农业转基因生物对人类、动植物、微生物和生态环境构成的危险或者潜在风险。

第四条 国务院农业行政主管部门负责全国农业转基因生物安全的监督管理工作。

县级以上地方各级人民政府农业行政主管部门负责本行政区域内的农业转基因生物安全的监督管理工作。

县级以上各级人民政府有关部门依照《中华人民共和国食品安全法》的有关规定，负责转基因食品安全的监督管理工作。

第五条 国务院建立农业转基因生物安全管理部际联席会议制度。

农业转基因生物安全管理部际联席会议由农业、科技、环境保护、卫生、外经贸、检验检疫等有关部门的负责人组成，负责研究、协调农业转基因生物安全管理工作中的重大问题。

第六条 国家对农业转基因生物安全实行分级管理评价制度。

农业转基因生物按照其对人类、动植物、微生物和生态环境的危险程度，分为Ⅰ、Ⅱ、Ⅲ、Ⅳ四个等级。具体划分标准由国务院农业行政主管部门制定。

第七条 国家建立农业转基因生物安全评价制度。

农业转基因生物安全评价的标准和技术规范，由国务院农业行政主管部门制定。

第八条 国家对农业转基因生物实行标识制度。

实施标识管理的农业转基因生物目录，由国务院农业行政主管部门商国务院有关部门制定、调整并公布。

第二章　研究与试验

第九条 国务院农业行政主管部门应当加强农业转基因生物研究与试验的安全评价管理工作，并设立农业转基因生物安全委员会，负责农业转基因生物的安全评价工作。

农业转基因生物安全委员会由从事农业转基因生物研究、生产、加工、检验检疫以及卫生、环境保护等方面的专家组成。

第十条 国务院农业行政主管部门根据农业转基因生物安全评价工作的需要，可以委托具备检测条件和能力的技术检测机构对农业转基因生物进行检测。

第十一条 从事农业转基因生物研究与试验的单位，应当具备与安全等级相适应的安全设施和措施，确保农业转基因生物研究与试验的安全，并成立农业转基因生物安全小组，负责本单位农业转基因生物研究与试验的安全工作。

第十二条 从事Ⅲ、Ⅳ级农业转基因生物研究的，应当在研究开始前向国务院农业行政主管部门报告。

第十三条 农业转基因生物试验，一般应当经过中间试验、环境释放和生产性试验三个阶段。

中间试验，是指在控制系统内或者控制条件下进行的小规模试验。

环境释放，是指在自然条件下采取相应安全措施所进行的中规模的试验。

生产性试验，是指在生产和应用前进行的较大规模的试验。

第十四条 农业转基因生物在实验室研究结束后，需要转入中间试验的，试验单位应当向国务院农业行政主管部门报告。

第十五条 农业转基因生物试验需要从上一试验阶段转入下一试验阶段的，试验单位应当向国务院农业行政主管部门提出申请；经农业转基因生物安全委员会进行安全评价合格的，由国务院农业行政主管部门批准转入下一试验阶段。

试验单位提出前款申请，应当提供下列材料：

（一）农业转基因生物的安全等级和确定安全等级的依据；

（二）农业转基因生物技术检测机构出具的检测报告；

（三）相应的安全管理、防范措施；

（四）上一试验阶段的试验报告。

第十六条　从事农业转基因生物试验的单位在生产性试验结束后，可以向国务院农业行政主管部门申请领取农业转基因生物安全证书。

试验单位提出前款申请，应当提供下列材料：

（一）农业转基因生物的安全等级和确定安全等级的依据；

（二）生产性试验的总结报告；

（三）国务院农业行政主管部门规定的试验材料、检测方法等其他材料。

国务院农业行政主管部门收到申请后，应当委托具备检测条件和能力的技术检测机构进行检测，并组织农业转基因生物安全委员会进行安全评价；安全评价合格的，方可颁发农业转基因生物安全证书。

第十七条　转基因植物种子、种畜禽、水产苗种，利用农业转基因生物生产的或者含有农业转基因生物成份的种子、种畜禽、水产苗种、农药、兽药、肥料和添加剂等，在依照有关法律、行政法规的规定进行审定、登记或者评价、审批前，应当依照本条例第十六条的规定取得农业转基因生物安全证书。

第十八条　中外合作、合资或者外方独资在中华人民共和国境内从事农业转基因生物研究与试验的，应当经国务院农业行政主管部门批准。

第三章　生产与加工

第十九条　生产转基因植物种子、种畜禽、水产苗种，应当取得国务院农业行政主管部门颁发的种子、种畜禽、水产苗种生产许可证。

生产单位和个人申请转基因植物种子、种畜禽、水产苗种生产许可证，除应当符合有关法律、行政法规规定的条件外，还应当符合下列条件：

（一）取得农业转基因生物安全证书并通过品种审定；

（二）在指定的区域种植或者养殖；

（三）有相应的安全管理、防范措施；

（四）国务院农业行政主管部门规定的其他条件。

第二十条 生产转基因植物种子、种畜禽、水产苗种的单位和个人，应当建立生产档案，载明生产地点、基因及其来源、转基因的方法以及种子、种畜禽、水产苗种流向等内容。

第二十一条 单位和个人从事农业转基因生物生产、加工的，应当由国务院农业行政主管部门或者省、自治区、直辖市人民政府农业行政主管部门批准。具体办法由国务院农业行政主管部门制定。

第二十二条 从事农业转基因生物生产、加工的单位和个人，应当按照批准的品种、范围、安全管理要求和相应的技术标准组织生产、加工，并定期向所在地县级人民政府农业行政主管部门提供生产、加工、安全管理情况和产品流向的报告。

第二十三条 农业转基因生物在生产、加工过程中发生基因安全事故时，生产、加工单位和个人应当立即采取安全补救措施，并向所在地县级人民政府农业行政主管部门报告。

第二十四条 从事农业转基因生物运输、贮存的单位和个人，应当采取与农业转基因生物安全等级相适应的安全控制措施，确保农业转基因生物运输、贮存的安全。

第四章　经　营

第二十五条　经营转基因植物种子、种畜禽、水产苗种的单位和个人，应当取得国务院农业行政主管部门颁发的种子、种畜禽、水产苗种经营许可证。

经营单位和个人申请转基因植物种子、种畜禽、水产苗种经营许可证，除应当符合有关法律、行政法规规定的条件外，还应当符合下列条件：

（一）有专门的管理人员和经营档案；

（二）有相应的安全管理、防范措施；

（三）国务院农业行政主管部门规定的其他条件。

第二十六条　经营转基因植物种子、种畜禽、水产苗种的单位和个人，应当建立经营档案，载明种子、种畜禽、水产苗种的来源、贮存、运输和销售去向等内容。

第二十七条　在中华人民共和国境内销售列入农业转基因生物目录的农业转基因生物，应当有明显的标识。

列入农业转基因生物目录的农业转基因生物，由生产、分装单位和个人负责标识；未标识的，不得销售。经营单位和个人在进货时，应当对货物和标识进行核对。经营单位和个人拆开原包装进行销售的，应当重新标识。

第二十八条　农业转基因生物标识应当载明产品中含有转基因成份的主要原料名称；有特殊销售范围要求的，还应当载明销售范围，并在指定范围内销售。

第二十九条　农业转基因生物的广告，应当经国务院农业行政主管部门审查批准后，方可刊登、播放、设置和张贴。

第五章　进口与出口

第三十条　从中华人民共和国境外引进农业转基因生物用于研究、试验的，引进单位应当向国务院农业行政主管部门提出申请；符合下列条件的，国务院农业行政主管部门方可批准：

（一）具有国务院农业行政主管部门规定的申请资格；

（二）引进的农业转基因生物在国（境）外已经进行了相应的研究、试验；

（三）有相应的安全管理、防范措施。

第三十一条　境外公司向中华人民共和国出口转基因植物种子、种畜禽、水产苗种和利用农业转基因生物生产的或者含有农业转基因生物成份的植物种子、种畜禽、水产苗种、农药、兽药、肥料和添加剂的，应当向国务院农业行政主管部门提出申请；符合下列条件的，国务院农业行政主管部门方可批准试验材料入境并依照本条例的规定进行中间试验、环境释放和生产性试验：

（一）输出国家或者地区已经允许作为相应用途并投放市场；

（二）输出国家或者地区经过科学试验证明对人类、动植物、微生物和生态环境无害；

（三）有相应的安全管理、防范措施。

生产性试验结束后，经安全评价合格，并取得农业转基因生物安全证书后，方可依照有关法律、行政法规的规定办理审定、登记或者评价、审批手续。

第三十二条　境外公司向中华人民共和国出口农业转基

因生物用作加工原料的，应当向国务院农业行政主管部门提出申请，提交国务院农业行政主管部门要求的试验材料、检测方法等材料；符合下列条件，经国务院农业行政主管部门委托的、具备检测条件和能力的技术检测机构检测确认对人类、动植物、微生物和生态环境不存在危险，并经安全评价合格的，由国务院农业行政主管部门颁发农业转基因生物安全证书：

（一）输出国家或者地区已经允许作为相应用途并投放市场；

（二）输出国家或者地区经过科学试验证明对人类、动植物、微生物和生态环境无害；

（三）有相应的安全管理、防范措施。

第三十三条 农业转基因生物在中华人民共和国过境转移的，应当遵守中华人民共和国有关法律、行政法规的规定。

第三十四条 农业转基因生物在中华人民共和国过境转移的，货主应当事先向国家出入境检验检疫部门提出申请；经批准方可过境转移，并遵守中华人民共和国有关法律、行政法规的规定。

第三十五条 国务院农业行政主管部门应当自收到申请人申请之日起 270 日内作出批准或者不批准的决定，并通知申请人。

第三十六条 向中华人民共和国境外出口农产品，外方要求提供非转基因农产品证明的，由口岸出入境检验检疫机构根据国务院农业行政主管部门发布的转基因农产品信息，进行检测并出具非转基因农产品证明。

第三十七条 进口农业转基因生物，没有国务院农业行政主管部门颁发的农业转基因生物安全证书和相关批准文件的，或者与证书、批准文件不符的，作退货或者销毁处理。进口农业转基因生物不按照规定标识的，重新标识后方可入境。

第六章　监督检查

第三十八条　农业行政主管部门履行监督检查职责时，有权采取下列措施：

（一）询问被检查的研究、试验、生产、加工、经营或者进口、出口的单位和个人、利害关系人、证明人，并要求其提供与农业转基因生物安全有关的证明材料或者其他资料；

（二）查阅或者复制农业转基因生物研究、试验、生产、加工、经营或者进口、出口的有关档案、账册和资料等；

（三）要求有关单位和个人就有关农业转基因生物安全的问题作出说明；

（四）责令违反农业转基因生物安全管理的单位和个人停止违法行为；

（五）在紧急情况下，对非法研究、试验、生产、加工、经营或者进口、出口的农业转基因生物实施封存或者扣押。

第三十九条　农业行政主管部门工作人员在监督检查时，应当出示执法证件。

第四十条　有关单位和个人对农业行政主管部门的监督检查，应当予以支持、配合，不得拒绝、阻碍监督检查人员依法执行职务。

第四十一条　发现农业转基因生物对人类、动植物和生态环境存在危险时，国务院农业行政主管部门有权宣布禁止生产、加工、经营和进口，收回农业转基因生物安全证书，销毁有关存在危险的农业转基因生物。

第七章 罚 则

第四十二条 违反本条例规定，从事Ⅲ、Ⅳ级农业转基因生物研究或者进行中间试验，未向国务院农业行政主管部门报告的，由国务院农业行政主管部门责令暂停研究或者中间试验，限期改正。

第四十三条 违反本条例规定，未经批准擅自从事环境释放、生产性试验的，已获批准但未按照规定采取安全管理、防范措施的，或者超过批准范围进行试验的，由国务院农业行政主管部门或者省、自治区、直辖市人民政府农业行政主管部门依据职权，责令停止试验，并处1万元以上5万元以下的罚款。

第四十四条 违反本条例规定，在生产性试验结束后，未取得农业转基因生物安全证书，擅自将农业转基因生物投入生产和应用的，由国务院农业行政主管部门责令停止生产和应用，并处2万元以上10万元以下的罚款。

第四十五条 违反本条例第十八条规定，未经国务院农业行政主管部门批准，从事农业转基因生物研究与试验的，由国务院农业行政主管部门责令立即停止研究与试验，限期补办审批手续。

第四十六条 违反本条例规定，未经批准生产、加工农业转基因生物或者未按照批准的品种、范围、安全管理要求和技术标准生产、加工的，由国务院农业行政主管部门或者省、自治区、直辖市人民政府农业行政主管部门依据职权，责令停止生产或者加工，没收违法生产或者加工的产品及违法所得；违法所得10万元以上的，并处违法所得1倍以上5倍以下的罚款；没有违法所得或者违法所得不足10万元的，并处10万元以上20万元以下的罚款。

第四十七条 违反本条例规定，转基因植物种子、种畜禽、水产苗种的生产、经营单位和个人，未按照规定制作、保存生产、经营档案的，由县级以上人民政府农业行政主管部门依据职权，责令改正，处1000元以上1万元以下的罚款。

第四十八条 违反本条例规定，未经国务院农业行政主管部门批准，擅自进口农业转基因生物的，由国务院农业行政主管部门责令停止进口，没收已进口的产品和违法所得；违法所得10万元以上的，并处违法所得1倍以上5倍以下的罚款；没有违法所得或者违法所得不足10万元的，并处10万元以上20万元以下的罚款。

第四十九条 违反本条例规定，进口、携带、邮寄农业转基因生物未向口岸出入境检验检疫机构报检的，由口岸出入境检验检疫机构比照进出境动植物检疫法的有关规定处罚。

第五十条 违反本条例关于农业转基因生物标识管理规定的，由县级以上人民政府农业行政主管部门依据职权，责令限期改正，可以没收非法销售的产品和违法所得，并可以处1万元以上5万元以下的罚款。

第五十一条 假冒、伪造、转让或者买卖农业转基因生物有关证明文书的，由县级以上人民政府农业行政主管部门依据职权，收缴相应的证明文书，并处2万元以上10万元以下的罚款；构成犯罪的，依法追究刑事责任。

第五十二条 违反本条例规定，在研究、试验、生产、加工、贮存、运输、销售或者进口、出口农业转基因生物过程中发生基因安全事故，造成损害的，依法承担赔偿责任。

第五十三条 国务院农业行政主管部门或者省、自治区、直辖市人民政府农业行政主管部门违反本条例规定核发许可证、农业转基因生物安全证书以及其他批准文件的，或者核发许可证、农业转基因生物安全证书以及其他批准文件后不履行监督管理职责的，对直接负责的主管人员和其他直接责任人员依法给予行政处分；构成犯罪的，依法追究刑事责任。

第八章　附　则

第五十四条 本条例自公布之日起施行。

附 录

农业转基因生物标识管理办法

中华人民共和国农业部令
第 38 号

《关于修订农业行政许可规章和规范性文件的决定》业经 2004 年 6 月 25 日农业部第 23 次常务会议审议通过，现予公布，自 2004 年 7 月 1 日起施行。

农业部部长
二〇〇四年七月一日

（2002 年 1 月 5 日农业部令第 10 号公布；根据 2004 年 7 月 1 日农业部令 38 号修订）

第一条 为了加强对农业转基因生物的标识管理，规范农业转基因生物的销售行为，引导农业转基因生物的生产和消费，保护消费者的知情权，根据《农业转基因生物安全管理条例》（简称《条例》）的有关规定，制定本办法。

第二条 国家对农业转基因生物实行标识制度。实施标识管理的农业转基因生物目录，由国务院农业行政主管部门商国务院有关部门制定、调整和公布。

第三条 在中华人民共和国境内销售列入农业转基因生物标识目录的农业转基因生物，必须遵守本办法。

凡是列入标识管理目录并用于销售的农业转基因生物，应当进行标识；未标识和不按规定标识的，不得进口或销售。

第四条 农业部负责全国农业转基因生物标识的审定和监督管理工作。

县级以上地方人民政府农业行政主管部门负责本行政区域内的农业转基因生物标识的监督管理工作。

国家质检总局负责进口农业转基因生物在口岸的标识检查验证工作。

第五条 列入农业转基因生物标识目录的农业转基因生物，由生产、分装单位和个人负责标识；经营单位和个人拆开原包装进行销售的，应当重新标识。

第六条 标识的标注方法：

（一）转基因动植物（含种子、种畜禽、水产苗种）和微生物，转基因动植物、微生物产品，含有转基因动植物、微生物或者其产品成份的种子、种畜禽、水产苗种、农药、兽药、肥料和添加剂等产品，直接标注"转基因××"。

（二）转基因农产品的直接加工品，标注为"转基因××加工品（制成品）"或者"加工原料为转基因××"。

（三）用农业转基因生物或用含有农业转基因生物成份的产品加工制成的产品，但最终销售产品中已不再含有或检测不出转基因成份的产品，标注为"本产品为转基因××加工制成，但本产品中已不再含有转基因成份"或者标注为"本产品加工原料中有转基因××，但本产品中已不再含有转基因成份"。

第七条 农业转基因生物标识应当醒目，并和产品的包装、标签同时设计和印制。

难以在原有包装、标签上标注农业转基因生物标识的，可采用在原有包装、标签的基础上附加转基因生物标识的办法进行标注，但附加标识应当牢固、持久。

第八条 难以用包装物或标签对农业转基因生物进行标识时，可采用下列方式标注：

（一）难以在每个销售产品上标识的快餐业和零售业中的农业转基因生物，可以在产品展销（示）柜（台）上进行标识，也可以在价签上进行标识或者设立标识板（牌）进行标识。

（二）销售无包装和标签的农业转基因生物时，可以采取设立标识板（牌）的方式进行标识。

（三）装在运输容器内的农业转基因生物不经包装直接销售时，销售现场可以在容器上进行标识，也可以设立标识板（牌）进行标识。

（四）销售无包装和标签的农业转基因生物，难以用标识板（牌）进行标注时，销售者应当以适当的方式声明。

（五）进口无包装和标签的农业转基因生物，难以用标识板（牌）进行标注时，应当在报检（关）单上注明。

第九条 有特殊销售范围要求的农业转基因生物，还应当明确标注销售的范围，可标注为"仅限于××销售（生产、加工、使用）"。

第十条 农业转基因生物标识应当使用规范的中文汉字进行标注。

第十一条 进口的农业转基因生物标识经农业部审查认可后方可使用，同时抄送国家质检总局、外经贸部等部门；国内农业转基因生物标识，经农业转基因生物的生产、分装单位和个人所在地的县级以上地方人民政府农业行政主管部门审查认可后方可使用，并由省级农业行政主管部门统一报农业部备案。

第十二条 负责农业转基因生物标识审查认可工作的农业行政主管部门，应当自申请受理之日起 20 日内作出决定，并通知申请人。

第十三条 销售农业转基因生物的经营单位和个人在进货时，应当对货物和标识进行核对。

第十四条 违反本办法规定的，按《条例》第五十二条规定予以处罚。

第十五条 本办法由农业部负责解释。

第十六条 本办法自 2002 年 3 月 20 起施行。

附：

第一批实施标识管理的农业转基因生物目录

一、大豆种子、大豆、大豆粉、大豆油、豆粕

二、玉米种子、玉米、玉米油、玉米粉（含税号为 11022000、11031300、11042300 的玉米粉）

三、油菜种子、油菜籽、油菜籽油、油菜籽粕

四、棉花种子

五、番茄种子、鲜番茄、番茄酱

农业转基因生物标识审查认可程序

（《农业转基因生物安全管理条例》及配套规章的附件）

在中国境内销售列入农业转基因生物标识目录的农业转基因生物都应当标识。

一、境外公司向中国境内出口实施标识管理的农业转基因生物，应当向农业转基因生物安全管理办公室提出标识审查认可申请；国内单位或个人生产、销售实施标识管理的农业转基因生物，应当向所在地县级以上农业行政主管部门提出标识审查认可申请，经批准后方可使用。

二、申请标识审查认可应提供以下材料（一式三份）：

（一）标识审查认可申请表；

（二）标签式样；

（三）标识说明（如标识大小、尺寸比例，颜色，在产品包装上的所在部位，牢固度，附着力等）；

（四）运输过程中标识使用说明；

（五）农业部颁发的农业转基因生物安全证书和相关批准文件复印件；

（六）其他相关批准文件（如品种审定证书、农药登记证、肥料登记证、新兽药证书及其生产许可证书和经营许可证等）。

（七）其他标识审查认可所需材料。

三、农业转基因生物安全管理办公室和县级以上农业行政主管部门收到标识审查认可申请后，应当在30日内完成审查工作，并做出审查的决定。审查内容包括：

（一）申请材料是否齐备、完整、真实、可靠；

（二）标识内容与农业转基因生物安全证书的一致性（包括生物种类、组份、范围等）；

（三）内容和格式与所生产、销售的产品特点或特性的符合性；

（四）标识与标签的整体协调性；

（五）标识中文的规范性；

（六）标识与其他相关批准文件的一致性；

（七）标识是否清晰、醒目。

四、县级以上农业行政主管部门在每月 10 日前应将上月所批准的标识审查认可申请及批准文件报所在省（区、市）农业行政主管部门备案；各省（区、市）农业行政主管部门应当在每个季度末，将本省（区、市）的标识审查认可申请审批结果汇总报农业转基因生物安全管理办公室备案。农业部将标识审查认可申请审批结果抄送有关部门。

五、经审查认可的农业转基因生物标识，有下列情况之一的，应当按原程序重新办理标识审查认可申请手续：

（一）农业转基因生物安全证书有效期已满的；

（二）标识式样变更的；

（三）其他原因需重新办理标识审查认可的。

六、经审查认可的农业转基因生物标识，有下列情况之一的，原审查认可批准机关应当注销标识审查认可批件。

（一）已被撤销农业转基因生物安全证书的或吊销生产、经营许可证的；

（二）应当重新办理标识审查认可申请而未申请或者重新审查认可未经批准的；

（三）按法律法规规定，其产品已责令停止生产、销售的。

进出境转基因产品检验检疫管理办法

国家质量监督检验检疫总局令
第62号

《进出境转基因产品检验检疫管理办法》已经2001年9月5日国家质量监督检验检疫总局局务会议审议通过，现予公布，自公布之日起施行。

局长　李长江
二○○四年五月二十四日

第一章　总　则

第一条　为加强进出境转基因产品检验检疫管理，保障人体健康和动植物、微生物安全，保护生态环境，根据《中华人民共和国进出口商品检验法》、《中华人民共和国食品卫生法》、《中华人民共和国进出境动植物检疫法》及其实施条例、《农业转基因生物安全管理条例》等法律法规的规定，制定本办法。

第二条　本办法适用于对通过各种方式（包括贸易、来料加工、邮寄、携带、生产、代繁、科研、交换、展览、援助、赠送以及其他方式）进出境的转基因产品的检验检疫。

第三条　本办法所称"转基因产品"是指《农业转基因生物安全管理条例》规定的农业转基因生物及其他法律法规规定的转基因生物与产品。

第四条 国家质量监督检验检疫总局（以下简称国家质检总局）负责全国进出境转基因产品的检验检疫管理工作，国家质检总局设在各地的出入境检验检疫机构（以下简称检验检疫机构）负责所辖地区进出境转基因产品的检验检疫以及监督管理工作。

第五条 国家质检总局对过境转移的农业转基因产品实行许可制度。其他过境转移的转基因产品，国家另有规定的按相关规定执行。

第二章　进境检验检疫

第六条 国家质检总局对进境转基因动植物及其产品、微生物及其产品和食品实行申报制度。

第七条 货主或者其代理人在办理进境报检手续时，应当在《入境货物报检单》的货物名称栏中注明是否为转基因产品。申报为转基因产品的，除按规定提供有关单证外，还应当提供法律法规规定的主管部门签发的《农业转基因生物安全证书》（或者相关批准文件，以下简称批准文件）和《农业转基因生物标识审查认可批准文件》。

第八条 对于实施标识管理的进境转基因产品，检验检疫机构应当核查标识，符合农业转基因生物标识审查认可批准文件的，准予进境；不按规定标识的，重新标识后方可进境；未标识的，不得进境。

第九条 对列入实施标识管理的农业转基因生物目录（国务院农业行政主管部门制定并公布）的进境转基因产品，如申报是转基因的，检验检疫机构应当实施转基因项目的符合性检测，如申报是非转基因的，检验检疫机构应进行转基因项目抽查检测；对实施标识管理的农业转基因生物目录以外的进境动植物及其产品、微生物及其产品和食品，检验检疫机构可根据情况实施转基因项目抽查检测。

检验检疫机构按照国家认可的检测方法和标准进行转基因项目检测。

第十条 经转基因检测合格的，准予进境。如有下列情况之一的，检验检疫机构通知货主或者其代理人作退货或者销毁处理：

（一）申报为转基因产品，但经检测其转基因成分与批准文件不符的；

（二）申报为非转基因产品，但经检测其含有转基因成分的。

第十一条 进境供展览用的转基因产品，须获得法律法规规定的主管部门签发的有关批准文件后方可入境，展览期间应当接受检验检疫机构的监管。展览结束后，所有转基因产品必须作退回或者销毁处理。如因特殊原因，需改变用途的，须按有关规定补办进境检验检疫手续。

第三章 过境检验检疫

第十二条 过境的转基因产品，货主或者其代理人应当事先向国家质检总局提出过境许可申请，并提交以下资料：

（一）填写《转基因产品过境转移许可证申请表》；

（二）输出国家或者地区有关部门出具的国（境）外已进行相应的研究证明文件或者已允许作为相应用途并投放市场的证明文件；

（三）转基因产品的用途说明和拟采取的安全防范措施；

（四）其他相关资料。

第十三条 国家质检总局自收到申请之日起 270 日内作出答复，对符合要求的，签发《转基因产品过境转移许可证》并通知进境口岸检验检疫机构；对不符合要求的，签发不予过境转移许可证，并说明理由。

第十四条 过境转基因产品进境时，货主或者其代理人须持规定的单证和过境转移许可证向进境口岸检验检疫机构申报，经检验检疫机构审查合格的，准予过境，并由出境口岸检验检疫机构监督其出境。对改换原包装及变更过境线路的过境转基因产品，应当按照规定重新办理过境手续。

第四章 出境检验检疫

第十五条 对出境产品需要进行转基因检测或者出具非转基因证明的，货主或者其代理人应当提前向所在地检验检疫机构提出申请，并提供输入国家或者地区官方发布的转基因产品进境要求。

第十六条 检验检疫机构受理申请后，根据法律法规规定的主管部门发布的批准转基因技术应用于商业化生产的信息，按规定抽样送转基因检测实验室作转基因项目检测，依据出具的检测报告，确认为转基因产品并符合输入国家或者地区转基因产品进境要求的，出具相关检验检疫单证；确认为非转基因产品的，出具非转基因产品证明。

第五章 附 则

第十七条 对进出境转基因产品除按本办法规定实施转基因项目检测和监管外，其他检验检疫项目内容按照法律法规和国家质检总局的有关规定执行。

第十八条 承担转基因项目检测的实验室必须通过国家认证认可监督管理部门的能力验证。

第十九条 对违反本办法规定的，依照有关法律法规的规定予以处罚。

第二十条 本办法由国家质检总局负责解释。

第二十一条 本办法自公布之日起施行。

农业部关于进一步加强农业转基因生物
安全监管工作的通知

农科教发〔2014〕2号

各省、自治区、直辖市农业（农牧、农村经济）厅（局、委），
新疆生产建设兵团农业局：

农业转基因生物安全监管工作事关粮食安全、食品安全和
生态安全。农业部高度重视，不断健全制度，强化监管。目前，
农业转基因生物安全管理规范有序，总体可控，但在一些地方
偶有发生违规扩散现象，引起社会关注。各级农业部门要充分
认识加强农业转基因生物安全监管工作的重要性，认真按照党
中央、国务院明确提出的积极研究、慎重推广的要求，以高度
负责的态度，进一步加强农业转基因生物安全监管工作。现将
有关事项通知如下。

一、强化重点环节的执法监管

各地农业部门要以信息化管理网络为载体，对本行政区域
内的科研、教学单位和企业逐一摸底，将所有从事农业转基因
生物研发、生产、加工、经营活动的单位全部纳入监管范围。
对重点单位、重点区域、重点环节和重点产品进行全面、系统、
彻底排查。一旦发现违规扩散情况，应立即采取有效措施妥善
处置，并及时向上级农业行政主管部门报告。

（一）加强试验环节监管

要严格按照法律、法规、规章和《转基因农作物田间试验
安全检查指南》要求，对安全评价试验进行全面、动态监管，
详细记录，确保监管工作全覆盖。试验前对控制措施和控制制

度进行检查，试验中对隔离等安全控制措施进行监管，试验结束时对残余物的处理和收获物的保存进行监管。

（二）科学规范安评试验

中间试验严格执行报告制，开展中间试验前需经试验所在地省级农业行政主管部门向农业部报告，对于未报告的将责令暂停试验，限期改正。中间试验要在具备控制条件的实验基地内进行。环境释放试验和生产性试验，要严格按照审批的试验条件进行。

（三）加强品种审定环节监管

未获得转基因生物安全生产应用证书的品种一律不得进行区域试验和品种审定。要对参加区域试验的水稻、玉米、油菜、大豆等品种进行转基因成分检测，一经发现，立即终止试验并按照《主要农作物品种审定办法》等规定严肃处理，严防转基因品种冒充非转基因品种进行审定。

（四）加强生产经营销售环节监管

要以水稻、玉米、大豆和油菜种子为重点，开展种子生产、加工和销售环节转基因成分抽检，严防转基因作物种子冒充非转基因作物种子生产经营，依法严厉查处非法生产、加工、销售转基因种子行为。

（五）加强标识管理

要强化标识监管，做到应标必标，标识规范，充分满足公众的知情权和选择权。凡违反标识管理规定和不符合标识管理程序的，依法予以严厉查处，并将查处结果及时报上一级农业行政主管部门备案。

（六）加强对研发单位的监管

要督促研发单位落实管理制度，加强监管，依法依规开展研究，不得违规扩散转基因材料。对研发单位和研发者进行系统、全面的培训，使其熟练掌握安全管理规定。从事转基因生物技术研发的单位要具备相应的条件，不具备条件的不得从事转基因技术研究。

二、进一步落实转基因生物安全监管责任

（一）强化属地化管理制度

省级农业行政主管部门是本行政区域内转基因生物安全监管工作的责任主体。各地农业行政主管部门要严格按照《农业转基因生物安全管理条例》、《种子法》和《食品安全法》等法律法规和规章，认真履行转基因生物安全管理职责，主动监管，严格执法。省级农业转基因生物安全管理办公室负责综合协调和牵头抓总，并承担转基因生物研究阶段的监督管理职能；种子管理机构承担转基因品种审定、种子生产经营阶段的监管工作；其他有关部门在各自职责范围内开展监管工作。

（二）落实"第一责任人"责任

研发单位和研发人是转基因生物安全管理的第一责任人。要按照《农业转基因生物安全管理条例》及配套规章的要求成立转基因生物安全管理小组，健全制度，确保研发活动有章可循、管理规范。要落实法律法规要求的安全控制设施和措施，依法依规开展科研活动，坚决杜绝随意分发、转让、扩散转基因材料的行为。

三、完善转基因生物安全监管保障机制

（一）加强体系建设

各地农业部门要加强组织领导，成立转基因生物安全管理领导小组，主要负责同志负总责，分管领导具体抓。要把农业转基因生物安全监管纳入日常管理，进一步加强工作力量，保障工作经费，提升监管能力，构建人财物支持体系。

（二）强化风险监测

要建立风险监测制度和监测体系，进一步加大风险监测力度，形成全覆盖的监测网络，推动农业转基因生物安全监管向以预警机制为主的事前、事中、事后全程监管转变。加强分析研判和风险预警，做到早发现、早控制、早处置，提高主动发现、事前干预的能力。

（三）严厉打击违规行为

对违规开展田间试验、南繁、环境释放以及转让转基因材料等活动，造成非法扩散的研发单位和研发者，取消承担转基因科研任务和申报安全评价的资格。对以转基因品种冒充非转基因品种审定的，取消申请资格。对违规开展转基因种子生产经营等活动的企业，依法吊销证照，严厉打击。

（四）加强科普宣传

转基因技术作为一项高新技术，在我国的研究和应用起步晚，公众对转基因技术及安全管理情况还不够了解。要通过各种渠道，宣传转基因基本知识，宣传我国转基因生物安全管理制度和决策程序，增进广大消费者的了解和认可度。做好信息公开，向社会及时传递科学、权威、客观的信息，使公众能科学理性地对待转基因技术及产品。

农业转基因生物安全监管涉及面广，社会关注度高，任务繁重。各地农业部门要发挥高度负责、勇于担当、顾全大局、协同推进的精神，以饱满的工作状态和务实的工作作风，采取切实可行的工作措施，毫不松懈地做好农业转基因生物安全监管，确保我国农业转基因生物技术研究、试验、生产、经营和加工等活动规范有序地开展。

农业部

2014 年 5 月 27 日

农业部办公厅关于做好 2017 年
农业转基因监管工作的通知

农办科〔2017〕4 号

各省、自治区、直辖市农业（农牧、农村经济）厅（局、委），
新疆生产建设兵团农业局：

2016 年，各级农业部门认真贯彻落实党中央、国务院的决策部署，切实履行职责，严格依法监管，转基因监管工作不断加强。为做好 2017 年农业转基因监管工作，促进农业转基因研究与应用健康发展，现就有关事项通知如下。

一、突出监管重点

（一）继续做好试验环节监管

严格农业转基因生物试验审批制度，严查中间试验是否依法报告、环境释放和生产性试验是否依法报批、安全控制措施是否落实。对辖区内涉农科研育种单位试验基地全覆盖排查，通过抽样检测查处转基因作物非法试验。对已经批复的转基因试验全覆盖检查，试验前检查控制措施和制度建设情况，试验中检查安全隔离等措施落实情况，试验结束检查残余物和收获物处理、保存情况。加强对被处罚、被通报单位的检查。

（二）继续做好南繁基地监管

对南繁基地进行全覆盖检测监测，严查私自开展转基因试验和育繁种行为，对违规试验和育繁种材料坚决铲除。加强农业转基因生物试验基地的管理，落实基地的设施条件和管理要求，推进生物育种专区建设，逐步将转基因南繁试验纳入专区管理。

（三）继续做好品种审定环节监管

申请单位应对参加区域试验的玉米、水稻、大豆、小麦等品种进行转基因成分检测，试验组织单位进行复检，发现非法含有转基因成分的立即终止试验。严格落实未获得农业转基因生物生产应用安全证书的品种一律不得进行区域试验和品种审定的要求。

（四）继续做好种子生产、加工经营环节监管

对辖区内的种子生产基地开展拉网式排查，严查亲本来源，加大苗期检测力度，发现问题从严从速查处。开展种子加工和销售环节转基因成分抽检，严防转基因玉米、水稻、油菜、大豆等种子冒充非转基因种子生产经营。

（五）突出抓好番木瓜苗木生产环节监管

以番木瓜育苗企业和育苗基地为重点，对育苗基地和苗场的种子和幼苗进行转基因成分检测，发现问题立即铲除，依法处理，进一步规范转基因番木瓜的生产种植。

（六）突出抓好进口环节监管

严格落实转基因生物进口和加工许可制度，严查国内进口商和加工企业的安全控制措施、档案记录和标识管理，重点核查装卸、储藏、运输、加工过程中安全控制措施落实情况，产品采购、加工、销售等管理档案以及转基因产品标识情况，开展抽样检测，确保进口转基因生物全部用于原料加工，推动境外贸易商、国内进口商、国内加工企业监管工作一体化。

二、加大查处力度

（一）对违法开展田间试验（中间试验、环境释放、生产性试验）的研发者，责令停止试验，停止安全评价申请资格，依法给予行政处罚，情节严重的停止科研项目，停止品种审定资格，追究单位领导责任。

（二）对以转基因品种冒充非转基因品种申请试验审定的，严格按《种子法》及相关法规规章进行处罚。

（三）对违法制种、繁种、销售转基因种子（种苗）的生产经营者，停止生产经营，依法没收违法所得和种子，吊销种子生产经营许可证，构成犯罪的依法移送司法机关，追究刑事责任。

（四）对违规进口转基因生物，安全管控措施落实不力的进口企业和加工企业，依法责令停止进口，停止加工资格，给予行政处罚。

三、落实管理制度

（一）强化属地管理责任

省级农业行政主管部门是本行政区域内农业转基因生物的监管主体，主要领导负总责。要严格按照《种子法》《农业转基因生物安全管理条例》要求，勇于担当、主动监管、严格执法，将转基因监管工作制度化，并在人员、经费和装备等方面加大支持力度。

（二）落实主体责任

督导研究试验单位、种子企业、进口企业、加工企业切实担负起主体责任，进一步提高认识、建立制度、落实监管措施。督促种子生产经营者和进口加工企业依法持证经营，健全管理档案，规范标识管理。

（三）落实长效机制

进一步落实好绩效考核、约谈问责、督导检查制度，层层传导压力，层层压实责任。落实好转基因监管信息报送制度，案件查处信息实行月报，没有案件的零报告。

（四）加大案件曝光力度

对已结案的违规违法案件，各省要及时在省农业行政主管部门官方网站公布查处结果，并及时将详细案情和查处情况报告农业部。

（五）主动接受社会监督

鼓励社会各界对违规行为进行举报，对于举报的线索，一查到底，主动接受监督。

四、工作安排

（一）动员部署

省级农业行政主管部门要制定本区域农业转基因生物安全监管实施方案，明确工作重点、任务分工和牵头部门，细化工作措施和要求，抓紧部署监管工作。

（二）组织实施

省级农业行政主管部门要切实担负属地监管责任，认真开展监管工作，确保各项监管措施落到实处。农业部将对各省监管情况进行督查。

（三）工作总结

省级农业行政主管部门年底对全年转基因监管工作情况进行总结，及时总结工作中的好经验、好做法，科学研判形势，谋划下一步工作。

农业部办公厅

2017 年 1 月 13 日

黑龙江省食品安全条例
（转基因部分摘录）

（2012 年 10 月 19 日黑龙江省第十一届人民代表大会常务委员会第三十五次会议通过；2016 年 12 月 16 日黑龙江省第十二届人民代表大会常务委员会第三十次会议修订）

第一条 为了保证食品安全，保障公众身体健康和生命安全，根据《中华人民共和国食品安全法》（以下简称食品安全法）、《中华人民共和国农产品质量安全法》等法律、行政法规，结合本省实际，制定本条例。

第二条 本省行政区域内的食品、食品添加剂、食品相关产品生产经营和安全管理，食品生产经营者使用食品添加剂、食品相关产品，食品贮存和运输，食用农产品的市场销售等活动应当遵守本条例。

第三条 食品安全工作实行预防为主、风险控制、全程管理、社会共治，建立科学、严格的监督管理制度。

第四条 食品生产经营者对其生产经营食品的安全承担主体责任。

食品生产经营者应当按照法律、法规、规章和食品安全标准从事生产经营活动，诚实守信，对消费者负责，接受社会监督，承担社会责任和法律责任。

第五条 县级以上人民政府对本行政区域的食品安全监督管理工作负责，形成完善、统一、规范、严格的食品安全监管体系，加强食品安全诚信体系建设，建立健全从食用农产品种植（养殖）到食品生产、经营、消费全过程监督管理工作机制和食品安全监督管理部门协调联动机制。

县级以上人民政府应当将食品安全工作纳入本级国民经济和社会发展规划、政府年度工作目标考核，将食品安全工作经费列入本级政府财政预算，保障工作需要。

第二十四条 省和设区的市人民政府应当通过改革等办法加强食用农产品批发市场检验能力建设。

食用农产品批发市场应当保证检验所需费用投入，配备与其交易规模相适应的检验设备和检验人员，或者委托具有资质的食品检验机构，开展食用农产品检验活动；根据保障食品安全的实际需要，将农药残留、兽药残留、重金属以及转基因等确定为检验项目。

粮库应当配备检验设备和检验人员，或者委托具备资质的检验机构，对收储的粮食进行检验，并将农药残留、重金属以及转基因等确定为检验项目，经检验合格方可收储。

第四十六条 经营转基因食用农产品和食品，应当显著标示。

销售转基因食用农产品和食品，应当设专柜或者专区，并在显著位置进行明示。

餐饮服务提供者使用转基因食品作为食品原料加工食品的，应当在经营场所显著位置进行明示。

第五十五条 本省行政区域内依法禁止种植转基因玉米、水稻、大豆等粮食作物，禁止非法生产、经营和为种植者提供转基因粮食作物种子，禁止非法生产、加工、经营、进境转基因或者含有转基因成分的食用农产品。

县级以上人民政府应当加强转基因食用农产品安全管理，防止非法扩散。

农业行政部门负责对种植转基因农作物进行监督管理。

食品药品监督管理部门负责对经营转基因食用农产品未按规定标示进行监督管理。

出入境检验检疫部门负责对进出境转基因食用农产品进行检验检疫以及监督管理。

第五十七条 进入集中交易市场销售的食用农产品，应当具备下列有效证明之一：

（一）产地证明；

（二）购货凭证；

（三）销售者自检出具的质量安全合格证明；

（四）有关部门出具的质量安全合格证明；

（五）绿色食品、有机食品或者地理标志产品证书复印件（需加盖获证单位公章）。

不具备前款规定的有效证明之一的，批发市场开办者应当进行逐批留样检验或者快速检测。具备前款规定的有效证明之一的，批发市场开办者应当进行抽样检验或者快速检测。其中，具备前款第四项和第五项规定的有效证明之一的，可以适当降低抽样检验检测频次。具体步骤和办法由省人民政府食品药品监督管理部门在本条例施行之日起六个月内制定，并报省人民代表大会常务委员会备案。

畜禽肉类进入集中交易市场销售的，应当附有检验（检疫）合格证明和检疫标志，但是销售由加工企业以肉类为原料再次生产加工的肉类除外。

第一百零八条 违反本条例规定，在本省行政区域内违法种植转基因玉米、水稻、大豆等粮食作物的，停止发放农业补贴，由省人民政府农业行政部门责令铲除、销毁；没有违法所得或者违法所得不足十万元的，可以并处十万元以上二十万元以下罚款；违法所得十万元以上的，可以并处违法所得二倍以上五倍以下罚款。

非法生产、经营、为种植者提供转基因粮食作物种子的，由县级以上人民政府农业行政部门责令停止生产经营，没收违法所得和种子；违法生产经营的货值金额不足一万元的，并处一万元以上五万元以下罚款；货值金额一万元以上的，并处货值金额五倍以上十倍以下罚款；情节严重的，吊销种子生产经营许可证。

第一百零九条 违反本条例规定，有下列情形之一的，由食品药品监督管理部门没收违法所得和违法生产经营的食品、食品添加剂，并可以没收用于违法生产经营的工具、设备、原料等物品；违法生产经营的食品、食品添加剂货值金额不足五千元的，并处五千元以上二万元以下罚款；货值金额五千元以上不足一万元的，并处二万元以上五万元以下罚款；货值金额一万元以上的，并处货值金额五倍以上十倍以下罚款；情节严重的，责令停产停业，直至吊销许可证或者核准证：

（一）食品和食品添加剂的标签、说明书不符合本条例第三十二条第一款规定的；

（二）经营转基因食用农产品和食品，未按照规定显著标示的；

（三）餐饮服务提供者使用转基因食品作为食品原料加工食品，未在经营场所显著位置进行明示的。

违反本条例规定，销售转基因食用农产品和食品未设专柜或者专区，或者未在显著位置进行明示的，由食品药品监督管理部门责令限期改正，给予警告；逾期不改正的，处以五千元以上五万元以下罚款。

第一百三十五条 本条例下列用语的含义：

食品相关产品，是指用于食品的包装材料、容器、洗涤剂、消毒剂和用于食品经营的工具、设备。

食品生产包括食品的生产和加工。

食品经营包括食品销售和餐饮服务。

食品安全风险监测，是指通过系统和持续地收集食源性疾病、食品污染以及食品中有害因素的监测数据及相关信息，并进行综合分析和及时通报的活动，风险监测结果不作为监管依据。

食品安全地方标准包括地方特色食品及原料、地方特色食品生产经营过程的卫生要求及检验方法与规程等。

严于食品安全国家标准或者地方标准，是指食品安全企业标准中的食品安全指标严于国家标准或者地方标准的有关规定。

食用农产品，是指在农业活动中获得的供人食用的植物、动物、微生物及其产品。农业活动，是指传统的种植、养殖、采摘、捕捞等农业活动，以及设施农业、生物工程等现代农业活动。植物、动物、微生物及其产品，是指在农业活动中直接获得的，以及经过分拣、去皮、剥壳、干燥、粉碎、清洗、切割、冷冻、打蜡、分级、包装等加工，但未改变其基本自然性状和化学性质的产品。

食用农产品集中交易市场包括食用农产品批发市场和食用农产品零售市场。

绿色食品，是指产自优良生态环境，按照绿色食品标准生产，实行全程质量控制并获得绿色食品标志使用权的安全、优质食用农产品及相关产品。

有机食品，是指按照有机食品标准生产，并通过有机食品认证机构认证的食品。

转基因食品，是指以利用基因工程技术改变基因组构成的动物、植物和微生物为原料生产加工的食品。

第一百三十八条 本条例自 2017 年 5 月 1 日起施行。

湖北省农业转基因生物
安全管理实施办法

湖北省人民政府令
第 246 号

《湖北省农业转基因生物安全管理实施办法》已经 2003 年 5 月 14 日省人民政府常务会议审议通过，现予公布，自 2003 年 7 月 1 日起施行。

湖北省省长
二○○三年五月二十三日

第一条 为了加强农业转基因生物安全管理，保障人体健康和动植物、微生物安全，保护生态环境，根据《农业转基因生物安全管理条例》（以下简称《条例》），结合本省实际，制定本办法。

第二条 在本省境内从事农业转基因生物的研究，试验、生产、加工、经营和进出口活动的单位和个人，必须遵守本办法。

第三条 省农业行政主管部门负责全省农业转基因生物安全的监督管理工作。

县级以上人民政府农业行政主管部门，负责本行政区域内农业转基因生物安全的监督管理工作。

县级以上人民政府负责食品监督管理工作的部门，依法对转基因食品的卫生安全实施监督管理。

第四条 县级以上人民政府应当保障农业转基因生物安全监督管理必需的资金，并纳入本级年度财政预算。

第五条 县级以上人民政府农业行政主管部门应当建立农业转基因生物安全管理的规范档案。

第六条 任何单位和个人都有维护人体健康和动植物、微生物安全，保护生态环境的义务，有权对违反农业转基因生物安全管理的行为进行检举和控告。

第七条 从事农业转基因生物研究与试验的单位，应当成立由单位法人代表负责的农业转基因生物安全领导小组。安全领导小组每年应当向省农业行政主管部门报告农业转基因生物研究与试验的内容及进展情况，并接受省农业行政主管部门的检查和监督。

第八条 农业转基因生物试验，一般应当经过中间试验、环境释放和生产性试验三个阶段。中间试验、环境释放和生产性试验的规模、时间和范围，按照国务院农业行政主管部门规定的标准执行。

第九条 农业转基因生物试验需要从上一试验阶段转入下一试验阶段的，试验单位应当向省农业行政主管部门提出审查申请，审查合格后，报经国务院农业行政主管部门批准，方可转入下一试验阶段。

试验单位提出前款申请，应当按照《条例》第十五条的规定提供完整材料。

第十条 从事农业转基因试验的单位在生产性试验结束后，应当向省农业行政主管部门申请审查。审查合格后，可向国务院农业行政主管部门申请领取农业转基因生物安全证书。

试验单位提出前款申请，应当按照《条例》第十六条的规定提供完整材料。

第十一条 生产农业转基因植物种子、种畜禽、水产苗种，应当向省农业行政主管部门提出申请，经批准后方可生产。提出申请的单位和个人应当符合下列条件：（一）取得国务院农业行政主管部门颁发的农业转基因生物安全证书和生产许可证；

（二）通过省级品种审定；

（三）在指定的区域按确定的规模种植或者养殖；

（四）有相应的安全管理、防范措施；

（五）法律、行政法规以及国务院农业行政主管部门规定的其他条件。

第十二条 单位和个人从事农业转基因生物生产、加工的，应当由省农业行政主管部门批准，并按照批准的品种、范围、规模、安全管理要求和相应的技术标准组织生产、加工。在生产、加工进行期间和工作结束后，应当定期向省农业行政主管部门提交执行情况总结报告。

第十三条 单位和个人经营农业转基因植物种子、种畜禽、水产苗种，应当向省农业行政主管部门提出申请，经批准后方可经营。

提出申请的单位和个人应当符合下列条件：

（一）取得国务院农业行政主管部门颁发的转基因植物种子、种畜禽、水产苗种经营许可证；

（二）有专门的经营场所、管理人员和经营档案；

（三）有相应的安全管理、防范措施；

（四）法律、行政法规以及国务院农业行政主管部门规定的其他条件。

第十四条 销售列入农业转基因生物目录的农业转基因植物种子、种畜禽、水产苗种，转基因生物及其制品，应当有明显的标识。

列入农业转基因生物目录的农业转基因生物，由生产、分装单位和个人负责标识；未标识的，不得销售。经营单位和个人在进货时，应当对货物和标识进行核对。经营单位和个人拆开原包装进行销售的，应当重新标识。

销售无包装和标签的农业转基因生物，不能直接标识的，可以采取设立标识板（牌）的方式进行标识。

第十五条 农业转基因生物标识应当使用规范的汉字进行标注。标识应当醒目，并和产品的包装、标签同时设计和印制。

第十六条 国内生产的农业转基因生物，其标识由生产、分装单位和个人向所在地县级以上人民政府农业行政主管部门提出申请，经审查认可后方可使用。

提出前款申请的单位和个人应当符合下列条件：

（一）取得国务院农业行政主管部门颁发的农业转基因生物及其制品经营许可证；

（二）有相应的安全管理、防范措施；

（三）具有标识内容和标注方法说明；

（四）具有标识设计式样；

（五）法律、行政法规以及国务院农业行政主管部门规定的其他条件。

第十七条 农业转基因生物标识有效期一年，有效期过后需要继续使用原标识的，应当向原审查批准机关申请复核认可。

第十八条 负责农业转基因生物标识审查的县级以上人民政府农业行政主管部门，应当对申请的标识标注内容和方法严格审查，并自收到申请人的申请之日起 30 日内对申请做出决定，以书面形式通知申请人。

第十九条 省农业行政主管部门根据农业转基因安全管理工作的需要，委托独立的、有检测能力的检测机构对农业转基因生物进行安全性检测。

检测机构应当根据省农业行政主管部门或者申请人的委托，对农业转基因生物进行定性定量检测、鉴定和复查，出具公正、准确的检测报告，并为委托人和申请人保守技术秘密和商业秘密。

第二十条 省农业行政主管部门发现农业转基因生物对人类、动植物和生态环境存在危险时，应当立即报告国务院农业行政主管部门，在紧急情况下，有权禁止生产、加工和经营，责令货主销毁存在危险的农业转基因生物。

第二十一条 农业行政主管部门及其工作人员，应当依法实施农业转基因生物研究、试验、生产、加工、经营活动的监督、检查和安全管理，并为从事农业转基因生物工作的单位和个人保守技术秘密和商业秘密。

第二十二条 违反本办法规定，《条例》已作出行政处罚规定的，从其规定。

第二十三条 农业转基因生物的进出口管理，按照国家有关规定执行。

第二十四条 本办法自 2003 年 7 月 1 日起施行。

朝阳市人民政府办公室关于加强农业
转基因生物安全监管工作的通知

朝政办发〔2016〕15号

各县（市）区人民政府，市政府各部门，市直各单位，各园（景）区管委会：

为维护粮食安全、食品安全和生态安全，严厉打击和有效遏制转基因农作物种子非法生产、加工、经营、种植行为，根据《中华人民共和国种子法》、《农业转基因生物安全管理条例》等法律、法规，按照"属地管理、部门协调、检打联动"的原则，现就加强农业转基因生物安全监管工作通知如下：

一、全面加强组织领导

强化属地化管理责任的落实，由各县（市）区政府负总责，把农业转基因生物安全监管纳入日常管理，进一步加强工作力量，保障工作经费，提升监管能力。要以转基因玉米监管为重点，严格执行《中华人民共和国种子法》、《农业转基因生物安全管理条例》等法律、法规，将工作任务层层分解、落实到人，保障我市粮食生产安全。

二、建立协同监管机制

要保持高压态势，严厉打击农业转基因生物非法试验、制种、销售、种植等行为，斩断农业转基因生物非法扩散链条，重点查处一批违法案件，惩处一批违法分子，有效遏制转基因生物违法扩散现象。农业、公安、工商、质监、食药监等部门要协调一致、密切协作、资源共享，形成联合执法、协同监管的工作格局，有效提升联合执法监管水平。

三、加大案件查处力度

各县（市）区要组织基层农技人员和农业行政执法人员明察暗访，对重大案件追根溯源，查出源头，查清主体，查明责任，依法严肃处理。依法做好行政处罚案件的信息公开，及时公布案件查处情况，保障公众的知情权。鼓励群众举报和新闻媒体舆论监督，加大违法案件曝光力度，威慑违法行为。2016年进入我市的繁育杂交玉米种子企业，必须由当地的县级农业部门对亲本种子进行转基因检测，合格的方可办理杂交玉米种子生产经营许可证审核。

四、加强科普教育和舆论宣传

各有关部门要积极组织开展形式多样的科普教育活动，注重统筹资源，创新机制，尊重科学，客观公正，突出宣传效果，形成科普合力。要充分发挥主流媒体作用，积极运用新兴媒体，打造科学传播平台，培育懂技术、会科普、接地气的科学传播队伍，深入学校、社区和公共场所，加强与公众的沟通交流，为转基因科研和产业化营造良好的舆论环境。

朝阳市人民政府办公室

2016 年 3 月 1 日

深圳市农业转基因生物安全
监督检查办法

深农〔2005〕127号

第一条 为加强我市农业转基因生物安全监督管理，保障人体健康和动植物、微生物安全，保护生态环境，根据国家《农业转基因生物安全管理条例》、农业部《农业转基因生物标识管理办法》等的规定，制定本办法。

第二条 本办法所称农业转基因生物，是指利用基因生物工程技术改变其基因组构成，用于农业生产或者农产品加工的动植物、微生物及其产品，主要包括：

（一）转基因动植物（含种子、种畜禽、水产苗种）和微生物；

（二）转基因动植物、微生物产品；

（三）转基因农产品的直接加工品；

（四）含有转基因动植物、微生物或者其产品成分的种子、种畜禽、水产苗种、农药、兽药、肥料和添加剂等产品。

本办法所称农业转基因生物安全，是指防范农业转基因生物对人类、动植物、微生物和生态环境构成的危险或者潜在危险。

第三条 深圳市经济贸易和信息化委员会（以下简称市主管部门）负责本市农业转基因生物安全监督检查（以下简称监督检查）工作。

深圳市农作物种子和农业转基因生物安全管理站（以下简称监督检查机构）负责监督检查的组织与实施。

第四条 监督检查遵循依法、公正和结果公开的原则。

第五条 监督检查机构可以依法委托有关专业机构就专业技术问题依法进行检验、检测。

第六条 监督检查机构开展监督检查的主要内容如下：

（一）从事农业转基因生物研究与试验的单位，是否具备与安全等级相适应的安全设施与措施；

（二）从事农业转基因生物生产与加工的单位和个人，是否依法取得了相应的许可证，是否按照许可的品种、范围、安全管理要求和相应的技术标准组织生产与加工；

（三）从事农业转基因生物经营的单位和个人，是否依法取得了相应的许可证；

（四）有关单位和个人经营的农业转基因生物，是否按规定进行了标识；

（五）有关农业转基因生物技术检验、检测机构是否具备相应的资质。

第七条 监督检查机构履行监督检查职责时，可以依法采取下列措施：

（一）询问有关单位和个人，并要求其提供与农业转基因生物安全有关的证明材料；

（二）查阅或者复制农业转基因生物研究、试验、生产、加工、经营或者进口、出口的有关档案、帐册和资料；

（三）要求有关单位和个人就有关农业转基因生物的安全问题作出说明；

（四）责令违反农业转基因生物安全管理的单位和个人停止违法行为；

（五）紧急情况下，对非法研究、试验、生产、加工、经营或者进口、出口的农业转基因生物实施封存或者扣押。

前款第（五）项所称紧急情况是指如果不采取封存或者扣押措施，将可能危害人体健康或者生态环境的情况。

第八条 监督检查机构的工作人员开展监督检查时，应当依法出示执法证件。

第九条 监督检查机构开展监督检查时，应当将监督检查的情况和处理结果予以记录，并由两名以上监督检查人员签字。监督检查人员签署的监督检查记录原件存档备查。

法律、法规、规章对专业检测、检验的记录及检验检测人员的签字要求有特别规定的，从其规定。

第十条 监督检查机构应当定期或不定期向市主管部门报告监督检查的情况。市主管部门认为必要时，可以依法向社会公布有关监督检查的情况。

第十一条 监督检查机构在监督检查过程中发现有关单位有违反法律、法规、规章行为，尚未受到依法处理的，应当依照法定职权依法处理，或者移送有关执法机关依法处理。

第十二条 从事农业转基因生物生产、加工的单位和个人在加工、生产过程中发生基因安全事故时，应当立即采取安全补救措施，并向市主管部门或者监督检查机构报告。

第十三条 有关单位和个人对监督检查应当予以支持、配合，不得拒绝、阻碍监督检查人员依法执行职责。

第十四条 有关单位和个人发现违反农业转基因生物安全管理行为时，应及时向市主管部门或者监督检查机构举报。市主管部门对举报属实的，将根据有关规定给予奖励。

第十五条 监督检查人员在监督检查中违反有关规定的，由市主管部门依法处理；构成犯罪的，依法追究刑事责任。

第十六条 本办法自发布之日起 5 个工作日后生效。

农业转基因生物
进口安全管理办法

中华人民共和国农业部令

第 38 号

《关于修订农业行政许可规章和规范性文件的决定》业经 2004 年 6 月 25 日农业部第 23 次常务会议审议通过，现予公布，自 2004 年 7 月 1 日起施行。

部长　杜青林

二〇〇四年七月一日

（2002 年 1 月 5 日农业部令第 9 号公布；根据 2004 年 7 月 1 日农业部令第 38 号修订）

第一章　总　则

第一条　为了加强对农业转基因生物进口的安全管理，根据《农业转基因生物安全管理条例》（简称《条例》）的有关规定，制定本办法。

第二条　本办法适用于在中华人民共和国境内从事农业转基因生物进口活动的安全管理。

第三条　农业部负责农业转基因生物进口的安全管理工作。国家农业转基因生物安全委员会负责农业转基因生物进口的安全评价工作。

第四条　对于进口的农业转基因生物，按照用于研究和试验的、用于生产的以及用作加工原料的三种用途实行管理。

第二章　用于研究和试验的农业转基因生物

第五条　从中华人民共和国境外引进安全等级 I、II 的农业转基因生物进行实验研究的，引进单位应当向农业转基因生物安全管理办公室提出申请，并提供下列材料：

（一）农业部规定的申请资格文件；

（二）进口安全管理登记表；

（三）引进农业转基因生物在国（境）外已经进行了相应的研究的证明文件；

（四）引进单位在引进过程中拟采取的安全防范措施。

经审查合格后，由农业部颁发农业转基因生物进口批准文件。引进单位应当凭此批准文件依法向有关部门办理相关手续。

第六条　从中华人民共和国境外引进安全等级 III、IV 的农业转基因生物进行实验研究的和所有安全等级的农业转基因生物进行中间试验的，引进单位应当向农业部提出申请，并提供下列材料：

（一）农业部规定的申请资格文件；

（二）进口安全管理登记表；

（三）引进农业转基因生物在国（境）外已经进行了相应研究或试验的证明文件；

（四）引进单位在引进过程中拟采取的安全防范措施；

（五）《农业转基因生物安全评价管理办法》规定的相应阶段所需的材料。

经审查合格后，由农业部颁发农业转基因生物进口批准文件。引进单位应当凭此批准文件依法向有关部门办理相关手续。

第七条 从中华人民共和国境外引进农业转基因生物进行环境释放和生产性试验的，引进单位应当向农业部提出申请，并提供下列材料：

（一）农业部规定的申请资格文件；

（二）进口安全管理登记表；

（三）引进农业转基因生物在国（境）外已经进行了相应的研究的证明文件；

（四）引进单位在引进过程中拟采取的安全防范措施；

（五）《农业转基因生物安全评价管理办法》规定的相应阶段所需的材料。

经审查合格后，由农业部颁发农业转基因生物安全审批书。引进单位应当凭此审批书依法向有关部门办理相关手续。

第八条 从中华人民共和国境外引进农业转基因生物用于试验的，引进单位应当从中间试验阶段开始逐阶段向农业部申请。

第三章 用于生产的农业
转基因生物

第九条 境外公司向中华人民共和国出口转基因植物种子、

种畜禽、水产苗种和利用农业转基因生物生产的或者含有农业转基因生物成份的植物种子、种畜禽、水产苗种、农药、兽药、肥料和添加剂等拟用于生产应用的，应当向农业部提出申请，并提供下列材料：

（一）进口安全管理登记表；

（二）输出国家或者地区已经允许作为相应用途并投放市场的证明文件；

（三）输出国家或者地区经过科学试验证明对人类、动植物、微生物和生态环境无害的资料；

（四）境外公司在向中华人民共和国出口过程中拟采取的安全防范措施。

（五）《农业转基因生物安全评价管理办法》规定的相应阶段所需的材料。

第十条 境外公司在提出上述申请时，应当在中间试验开始前申请，经审批同意，试验材料方可入境，并依次经过中间试验、环境释放、生产性试验三个试验阶段以及农业转基因生物安全证书申领阶段。

中间试验阶段的申请，经审查合格后，由农业部颁发农业转基因生物进口批准文件，境外公司凭此批准文件依法向有关部门办理相关手续。环境释放和生产性试验阶段的申请，经安全评价合格后，由农业部颁发农业转基因生物安全审批书，境外公司凭此审批书依法向有关部门办理相关手续。安全证书的申请，经安全评价合格后，由农业部颁发农业转基因生物安全证书，境外公司凭此证书依法向有关部门办理相关手续。

第十一条 引进的农业转基因生物在生产应用前，应取得农业转基因生物安全证书，方可依照有关种子、种畜禽、水产苗种、农药、兽药、肥料和添加剂等法律、行政法规的规定办理相应的审定、登记或者评价、审批手续。

第四章　用作加工原料的农业转基因生物

第十二条　境外公司向中华人民共和国出口农业转基因生物用作加工原料的，应当向农业部申请领取农业转基因生物安全证书。

第十三条　境外公司提出上述申请时，应当提供下列材料：

（一）进口安全管理登记表；

（二）安全评价申报书；

（三）输出国家或者地区已经允许作为相应用途并投放市场的证明文件；

（四）输出国家或者地区经过科学试验证明对人类、动植物、微生物和生态环境无害的资料；

（五）农业部委托的技术检测机构出具的对人类、动植物、微生物和生态环境安全性的检测报告；

（六）境外公司在向中华人民共和国出口过程中拟采取的安全防范措施。

经安全评价合格后，由农业部颁发农业转基因生物安全证书。

第十四条　在申请获得批准后，再次向中华人民共和国提出申请时，符合同一公司、同一农业转基因生物条件的，可简化安全评价申请手续，并提供以下材料：

（一）进口安全管理登记表；

（二）农业部首次颁发的农业转基因生物安全证书复印件；

（三）境外公司在向中华人民共和国出口过程中拟采取的安全防范措施。

经审查合格后，由农业部颁发农业转基因生物安全证书。

第十五条 境外公司应当凭农业部颁发的农业转基因生物安全证书，依法向有关部门办理相关手续。

第十六条 进口用作加工原料的农业转基因生物如果具有生命活力，应当建立进口档案，载明其来源、贮存、运输等内容，并采取与农业转基因生物相适应的安全控制措施，确保农业转基因生物不进入环境。

第十七条 向中国出口农业转基因生物直接用作消费品的，依照向中国出口农业转基因生物用作加工原料的审批程序办理。

第五章 一般性规定

第十八条 农业部应当自收到申请人申请之日起 270 日内做批准或者不批准的决定，并通知申请人。

第十九条 进口农业转基因生物用于生产或用作加工原料的，应当在取得农业部颁发的农业转基因生物安全证书后，方能签订合同。

第二十条 进口农业转基因生物，没有国务院农业行政主管部门颁发的农业转基因生物安全证书和相关批准文件的，或者与证书、批准文件不符的，作退货或者销毁处理。

第二十一条 本办法由农业部负责解释。

第二十二条 本办法自 2002 年 3 月 20 日起施行。

附　录

农业转基因生物材料入境
审批书审批工作规范

中华人民共和国农业部公告
第 2147 号

　　为进一步深化行政审批制度改革，规范行政审批行为，提高行政审批标准化和信息化服务水平，我部决定自 2014 年 9 月 1 日起正式实施农业转基因生物行政审批在线申请工作。现将有关事项公告如下。

　　一、农业转基因生物行政审批在线申请主要涉及"农业转基因生物材料入境审批书""境外研发商首次申请农业转基因生物安全证书［进口］""境外贸易商申请农业转基因生物安全证书［进口］""农业转基因生物标识审查认可批准文件""农业转基因生物安全审批书""农业转基因生物安全证书［生产应用］""进口农业转基因生物直接用作消费品"和"中外合作、合资、外方独资在中国境内从事农业转基因生物研究与试验审批"8 项行政许可的审批。

　　二、申请人可登录农业部行政审批办公系统网址（http：//xzsp. moa. gov. cn），按照规定要求进行注册，审核通过后提交农业转基因生物的在线申请，打印带有二维码标签的申请表，并按照行政许可办事指南的要求提交纸质资料，我部将按照办事指南规定的程序和要求进行办理。

中华人民共和国农业部

2014 年 8 月 29 日

为进一步明确农业转基因行政审批各环节职责任务，提升工作的规范化、标准化水平，依据《中华人民共和国行政许可法》、《农业转基因生物安全管理条例》、《农业转基因生物安全评价管理办法》和《农业转基因生物进口安全管理办法》，特制定本工作规范。

一、农业部行政审批综合办公室受理

（一）审查内容

1. 申请人资质及基本信息是否真实有效，申请表内容填写是否准确齐全；

2. 申请资料的有效性和完整性。

（二）办理程序

农业部行政审批综合办公室对申请材料进行受理审查，并做出是否受理决定。审查合格的，向申请人出具受理通知书，同时将申请资料和办理通知书分送农业部科技发展中心进行初步审查；审查不合格的，向申请人出具不予受理通知书，并详细说明理由。

（三）办理时限

2 个工作日。

二、农业部科技发展中心初审

（一）审查内容

1. 申请资料的有效性；

2. 申请资料是否符合《农业转基因生物安全管理条例》、《农业转基因生物安全评价管理办法》和《农业转基因生物进口安全管理办法》的规定和要求；

3. 申请资料是否符合《转基因植物安全评价指南》、《动物用转基因微生物安全评价指南》等安全评价指南的规定和要求；

4. 申报单位是否符合相关要求。

（二）办理程序

农业部科技发展中心会同农业部科技教育司、部分农业转基因生物安全委员会（以下简称"安委会"）委员进行初审。初审通过的，农业部科技发展中心将申请材料移送安委会评审。同时，做好安委会技术评审的准备工作。

（三）办理时限

1个月。

三、安委会安全评审

（一）审查内容

1. 农业转基因生物分子特征；

2. 农业转基因生物环境安全性；

3. 农业转基因生物食用安全性；

4. 引进农业转基因生物在国（境）外已经进行的相关研究和获得的批准证明文件及其他相关资料。

（二）办理程序

安委会对申请资料进行技术评审，形成安委会评审意见，报农业部科技教育司。

（三）办理时限

2 个月。

四、农业部科技教育司审查报签

（一）审查内容

1. 申请事项是否符合国家农业转基因安全管理相关法规、规定及政策要求；

2. 技术评审的程序是否规范、有效；

3. 技术审核过程中形成的各项材料及意见是否规范、齐全、准确；

4. 安委会审核意见；

5. 批复文件与申请资料信息是否一致。

（二）办理程序

农业部科技教育司提出审查意见，办理签报，会签相关业务主管司（局），按程序报部领导签发后，制作批复文件，送农业部行政审批综合办公室。

（三）办理时限

3 个月加 15 个工作日。

五、农业部行政审批综合办公室办结

（一）审查内容

1. 审批决定与领导签发意见复核；

2. 不予批准理由表述是否准确规范；

3. 批件内容与审批信息是否一致。

（二）办理程序

农业部行政审批综合办公室对审批决定和批件进行复核。

复核通过的，及时予以办结，并将批件或办结通知书按照申请人要求的方式送达；复核未通过的，退回农业部科技教育司重新办理。

（三）办理时限

3个工作日。

六、行政审批结果公开

农业部行政审批综合办公室办结行政许可申请的同时，将审批结果在农业部门户网站公开。

七、文件归档

农业部科技教育司负责部内签报和安委会评审意见的归档；农业部科技发展中心负责将行政审批过程中资料进行归档（申报资料等），保存时间按照档案管理有关规定执行。农业部行政审批综合办公室负责全年办理通知书的整理汇总，并保存一年备查。

进口农业转基因生物直接
用作消费品审批工作规范

农业部公告第 2147 号

为进一步明确农业转基因行政审批各环节职责任务，提升工作的规范化、标准化水平，依据《中华人民共和国行政许可法》、《农业转基因生物安全管理条例》、《农业转基因生物安全评价管理办法》和《农业转基因生物进口安全管理办法》，特制定本工作规范。

一、农业部行政审批综合办公室受理

（一）审查内容

1. 申请人资质及基本信息是否真实有效，申请表内容填写是否准确齐全；

2. 申请资料的有效性和完整性。

（二）办理程序

农业部行政审批综合办公室对申请材料进行受理审查，并做出是否受理决定。审查合格的，向申请人出具受理通知书，同时将申请资料和办理通知书分送农业部科技发展中心；审查不合格的，向申请人出具不予受理通知书，并说明理由。

（三）办理时限

2 个工作日。

二、农业部科技发展中心初审

（一）审查内容

1. 转基因生物的特性；

2. 转基因生物的用途及运输过程中的安全性；

3. 转基因生物的流向;

4. 转基因生物在产地国的批准状况及其他相关资料;

5. 申报单位是否符合相关要求。

(二)办理程序

农业部科技发展中心对申请材料进行初审,提出审核意见,报农业部科技教育司。

(三)办理时限

7个工作日。

三、农业部科技教育司审查报签

(一)审查内容

1. 申请事项是否符合国家农业转基因安全管理相关法规、规定及政策要求;

2. 农业部科技发展中心的审核意见;

3. 批复文件与申请资料信息是否一致。

(二)办理程序

农业部科技教育司提出审查意见,报司长(部长授权)签发后,制作批复文件,送农业部行政审批综合办公室。

(三)办理时限

8个工作日。

四、农业部行政审批综合办公室办结

(一)审查内容

1. 审批决定与领导签发意见复核;

2. 不予批准理由表述是否准确规范;

3. 批件内容与审批信息是否一致。

(二)办理程序

农业部行政审批综合办公室对审批决定和批件进行复核。复核通过的,及时予以办结,并将批件或办结通知书按照申请人要求的方式送达；复核未通过的，退回农业部科技教育司重新办理。

（三）办理时限

3个工作日。

五、行政审批结果公开

农业部行政审批综合办公室办结行政许可申请的同时，通过农业部门户网站公开。

六、文件归档

农业部科技教育司负责司内签报的归档；农业部科技发展中心负责对行政审批过程中资料（申请资料等）的留存、整理，保存时间按照档案管理有关规定执行。农业部行政审批综合办公室负责全年办理通知书的整理汇总，并保存一年备查。

境外研发商首次申请农业转基因
生物安全证书［进口］审批工作规范

中华人民共和国农业部公告
第 397 号

根据行政许可法、国务院及我部有关规定，我部对《农业部行政审批综合办公办事指南》进行了修订，现予以公告。农业部公告第 312 号、第 378 号同时废止。

中华人民共和国农业部
二〇〇四年八月九日

为进一步明确农业转基因行政审批各环节职责任务，提升工作的规范化、标准化水平，依据《中华人民共和国行政许可法》、《农业转基因生物安全管理条例》、《农业转基因生物安全评价管理办法》和《农业转基因生物进口安全管理办法》，特制定本工作规范。

一、农业部行政审批综合办公室受理

（一）审查内容

1. 申请人资质及基本信息是否真实有效，申请表内容填写是否准确齐全；

2. 申请资料的有效性和完整性。

（二）办理程序

农业部行政审批综合办公室对申请材料进行受理审查，并做出是否受理决定。审查合格的，向申请人出具受理通知书，同时将申请资料和办理通知书分送农业部科技发展中心进行初步审查；审查不合格的，向申请人出具不予受理通知书，并详细说明理由。

（三）办理时限

2个工作日。

二、农业部科技发展中心初审

（一）审查内容

1. 申请资料的有效性；

2. 申请资料是否符合《农业转基因生物安全管理条例》、《农业转基因生物安全评价管理办法》和《农业转基因生物进口安全管理办法》的规定和要求；

3. 申请资料是否符合《转基因植物安全评价指南》、《动物用转基因微生物安全评价指南》等安全评价指南的规定和要求；

4. 申报单位是否符合相关要求。

（二）办理程序

农业部科技发展中心会同农业部科技教育司、部分农业转基因生物安全委员会（以下简称"安委会"）委员对申请材料进行初审。初审通过的，农业部科技发展中心将申请材料移送安委会评审。同时，做好安委会技术评审的准备工作。

（三）办理时限

1个月。

三、安委会安全评审

（一）审查内容

1. 农业转基因生物分子特征；

2. 农业转基因生物环境安全性；

3. 农业转基因生物食用安全性；

4. 引进农业转基因生物在国（境）外已经进行的相关研究和获得的批准证明文件及其他相关资料。

（二）办理程序

安委会对申请资料进行技术评审，形成安委会评审意见，报农业部科技教育司。

（三）办理时限

2个月。

四、农业部科技教育司审查报签

（一）审查内容

1. 申请事项是否符合国家农业转基因安全管理相关法规、规定及政策要求；

2. 技术评审的程序是否规范、有效；

3. 技术审核过程中形成的各项材料及意见是否规范、齐全、准确；

4. 安委会审核意见；

5. 批复文件与申请资料信息是否一致。

（二）办理程序

农业部科技教育司提出审查意见，办理签报，会签相关业务主管司（局），按程序报部领导签发后，制作批复文件，送农业部行政审批综合办公室。

（三）办理时限

3个月加15个工作日。

五、农业部行政审批综合办公室办结

（一）审查内容

1. 审批决定与领导签发意见复核；

2. 不予批准理由表述是否准确规范；

3. 批件内容与审批信息是否一致。

（二）办理程序

农业部行政审批综合办公室对审批意见和批件进行复核。复核通过的，及时予以办结，并将批件或办结通知书按照申请人要求的方式送达；复核未通过的，退回农业部科技教育司重新办理。

（三）办理时限

3个工作日。

六、行政审批结果公开

农业部行政审批综合办公室办结行政许可申请的同时，将审批结果在农业部门户网站公开。

七、文件归档

农业部科技教育司负责部内签报和安委会评审意见的归档；农业部科技发展中心负责将行政审批过程中资料进行归档（申报资料等），保存时间按照档案管理有关规定执行。农业部行政审批综合办公室负责全年办理通知书的整理汇总，并保存一年备查。

境外贸易商申请农业转基因生物安全证书［进口］审批工作规范

中华人民共和国农业部公告
第 397 号

根据行政许可法、国务院及我部有关规定，我部对《农业部行政审批综合办公办事指南》进行了修订，现予以公告。农业部公告第 312 号、第 378 号同时废止。

中华人民共和国农业部

二〇〇四年八月九日

为进一步明确农业转基因行政审批各环节职责任务，提升工作的规范化、标准化水平，依据《中华人民共和国行政许可法》、《农业转基因生物安全管理条例》、《农业转基因生物安全评价管理办法》和《农业转基因生物进口安全管理办法》，特制定本工作规范。

一、农业部行政审批综合办公室受理

（一）审查内容

1. 申请人资质及基本信息是否真实有效，申请表内容填写是否准确齐全；

2. 申请资料的有效性和完整性。

（二）办理程序

农业部行政审批综合办公室对申请材料进行受理审查，

并做出是否受理决定。审查合格的，向申请人出具受理通知书，同时将申请资料和办理通知书分送农业部科技发展中心；审查不合格的，向申请人出具不予受理通知书，并详细说明理由。

（三）办理时限

2个工作日。

二、农业部科技发展中心初审

（一）审查内容

1. 转基因生物的特性；

2. 转基因生物的用途及运输过程中的安全性；

3. 转基因生物的流向；

4. 转基因生物在产地国的批准状况及其他相关资料；

5. 申报单位是否符合相关要求。

（二）办理程序

农业部科技发展中心对申请材料进行初审，提出审核意见，报农业部科技教育司。

（三）办理时限

7个工作日。

三、农业部科技教育司审查报签

（一）审查内容

1. 申请事项是否符合国家农业转基因安全管理相关法规、规定及政策要求；

2. 农业部科技发展中心的审核意见；

3. 批复文件与申请资料信息是否一致。

（二）办理程序

农业部科技教育司提出审查意见，报司长（部长授权）签发后，制作批复文件，送农业部行政审批综合办公室。

（三）办理时限

8个工作日。

四、农业部行政审批综合办公室办结

（一）审查内容

1. 审批决定与领导签发意见复核；

2. 不予批准理由表述是否准确规范；

3. 批件内容与审批信息是否一致。

（二）办理程序

农业部行政审批综合办公室对审批决定和批件进行复核。复核通过的，及时予以办结，并将批件或办结通知书按照申请人要求的方式送达；复核未通过的，退回农业部科技教育司重新办理。

（三）办理时限

3个工作日。

五、行政审批结果公开

农业部行政审批综合办公室办结行政许可申请的同时，将审批结果在农业部门户网站公开。

六、文件归档

农业部科技教育司负责司内签报的归档；农业部科技发展中心负责对行政审批过程中资料（申报资料等）的留存、整理，保存时间按照档案管理有关规定执行。农业部行政审批综合办公室负责全年办理通知书的整理汇总，并保存一年备查。

关于转基因审批方面的管理办法

农业转基因生物加工审批办法

中华人民共和国农业部令

第 59 号

《农业转基因生物加工审批办法》已经 2006 年 1 月 16 日农业部第 3 次常务会议审议通过，现予发布，自 2006 年 7 月 1 日起实施。

部长　杜青林

二〇〇六年一月二十七日

第一条　为了加强农业转基因生物加工审批管理，根据《农业转基因生物安全管理条例》的有关规定，制定本办法。

第二条　本办法所称农业转基因生物加工，是指以具有活性的农业转基因生物为原料，生产农业转基因生物产品的活动。

前款所称农业转基因生物产品，是指《农业转基因生物安全管理条例》第三条第（二）、（三）项所称的转基因动植物、微生物产品和转基因农产品的直接加工品。

第三条　在中华人民共和国境内从事农业转基因生物加工的单位和个人，应当取得加工所在地省级人民政府农业行政主管部门颁发的《农业转基因生物加工许可证》（以下简称《加工许可证》）。

第四条　从事农业转基因生物加工的单位和个人，除应当符合有关法律、法规规定的设立条件外，还应当具备下列条件：

（一）与加工农业转基因生物相适应的专用生产线和封闭式仓储设施。

（二）加工废弃物及灭活处理的设备和设施。

（三）农业转基因生物与非转基因生物原料加工转换污染处理控制措施；

（四）完善的农业转基因生物加工安全管理制度。包括：

1. 原料采购、运输、贮藏、加工、销售管理档案；

2. 岗位责任制度；

3. 农业转基因生物扩散等突发事件应急预案；

4. 农业转基因生物安全管理小组，具备农业转基因生物安全知识的管理人员、技术人员。

第五条　申请《加工许可证》应当向省级人民政府农业行政主管部门提出，并提供下列材料：

（一）农业转基因生物加工许可证申请表；

（二）农业转基因生物加工安全管理制度文本；

（三）农业转基因生物安全管理小组人员名单和专业知识、学历证明；

（四）农业转基因生物安全法规和加工安全知识培训记录；

（五）农业转基因生物产品标识样本；

（六）加工原料的《农业转基因生物安全证书》复印件。

第六条 省级人民政府农业行政主管部门应当自受理申请之日起20个工作日内完成审查。审查符合条件的，发给《加工许可证》，并及时向农业部备案；不符合条件的，应当书面通知申请人并说明理由。

省级人民政府农业行政主管部门可以根据需要组织专家小组对申请材料进行评审，专家小组可以进行实地考察，并在农业行政主管部门规定的期限内提交考察报告。

第七条 《加工许可证》有效期为三年。期满后需要继续从事加工的，持证单位和个人应当在期满前六个月，重新申请办理《加工许可证》。

第八条 从事农业转基因生物加工的单位和个人变更名称的，应当申请换发《加工许可证》。

从事农业转基因生物加工的单位和个人有下列情形之一的，应当重新办理《加工许可证》：

（一）超出原《加工许可证》规定的加工范围的；

（二）改变生产地址的，包括异地生产和设立分厂。

第九条 违反本办法规定的，依照《农业转基因生物安全管理条例》的有关规定处罚。

第十条 《加工许可证》由农业部统一印制。

第十一条 本办法自2006年7月1日起施行。

农业转基因生物安全审批书
审批工作规范

中华人民共和国农业部公告

第 397 号

根据行政许可法、国务院及我部有关规定，我部对《农业部行政审批综合办公办事指南》进行了修订，现予以公告。农业部公告第 312 号、第 378 号同时废止。

中华人民共和国农业部

二〇〇四年八月九日

为进一步明确农业转基因行政审批各环节职责任务，提升工作的规范化、标准化水平，依据《中华人民共和国行政许可法》、《农业转基因生物安全管理条例》、《农业转基因生物安全评价管理办法》和《农业转基因生物进口安全管理办法》，特制定本工作规范。

一、农业部行政审批综合办公室受理

（一）审查内容

1. 申请人资质及基本信息是否真实有效，申请表内容填写是否准确齐全；

2. 申请资料的有效性和完整性。

（二）办理程序

农业部行政审批综合办公室对申请材料进行受理审查，并做出是否受理决定。审查合格的，向申请人出具受理通知书，同时将申请资料和办理通知书分送农业部科技发展中心进行初步审查；审查不合格的，向申请人出具不予受理通知书，并详细说明理由。

（三）办理时限

2个工作日。

二、农业部科技发展中心初审

（一）审查内容

1. 申请资料的有效性；

2. 申请资料是否符合《农业转基因生物安全管理条例》、《农业转基因生物安全评价管理办法》和《农业转基因生物进口安全管理办法》的规定和要求；

3. 申请资料是否符合《转基因植物安全评价指南》、《动物用转基因微生物安全评价指南》等安全评价指南的规定和要求；

4. 申报单位是否符合相关要求。

（二）办理程序

农业部科技发展中心会同农业部科技教育司、部分农业转基因生物安全委员会（以下简称"安委会"）委员进行初审。初审通过的，农业部科技发展中心将申请材料移送安委会评审。同时，做好安委会技术评审的准备工作。

（三）办理时限

1个月。

三、安委会安全评审

（一）审查内容

1. 农业转基因生物分子特征；

2. 农业转基因生物环境安全性；

3. 农业转基因生物食用安全性；

4. 引进农业转基因生物在国（境）外已经进行的相关研究和获得的批准证明文件及其他相关资料。

（二）办理程序

安委会对申请资料进行技术评审，形成安委会评审意见，报农业部科技教育司。

（三）办理时限

2个月。

四、农业部科技教育司报签

（一）审查内容

1. 申请事项是否符合国家农业转基因安全管理相关法规、规定及政策要求；

2. 技术评审的程序是否规范、有效；

3. 技术审核过程中形成的各项材料及意见是否规范、齐全、准确；

4. 安委会审核意见；

5. 批复文件与申请资料信息是否一致。

（二）办理程序

农业部科技教育司提出审查意见，办理签报，会签相关业务主管司（局），按程序报部领导签发后，制作批复文件，送农业部行政审批综合办公室。

（三）办理时限

3个月加15个工作日。

五、农业部行政审批综合办公室办结

（一）审查内容

1. 审批决定与领导签发意见复核；

2. 不予批准理由表述是否准确规范；

3. 批件内容与审批信息是否一致。

（二）办理程序

农业部行政审批综合办公室对审批决定和批件进行复核。复核通过的，及时予以办结，并将批件或办结通知书按照申请人要求的方式送达；复核未通过的，退回农业部科技教育司重新办理。

（三）办理时限

3 个工作日。

六、行政审批结果公开

农业部行政审批综合办公室办结行政许可申请的同时，通过农业部门户网站公开。

七、文件归档

农业部科技教育司负责部内签报和安委会评审意见的归档；农业部科技发展中心负责将行政审批过程中资料进行归档（申报资料等），保存时间按照档案管理有关规定执行。农业部行政审批综合办公室负责全年办理通知书的整理汇总，并保存一年备查。

附　录

农业转基因生物安全证书
［生产应用］审批工作规范

中华人民共和国农业部公告

第 397 号

根据行政许可法、国务院及我部有关规定，我部对《农业部行政审批综合办公办事指南》进行了修订，现予以公告。农业部公告第 312 号、第 378 号同时废止。

中华人民共和国农业部

二〇〇四年八月九日

为进一步明确农业转基因行政审批各环节职责任务，提升工作的规范化、标准化水平，依据《中华人民共和国行政许可法》、《农业转基因生物安全管理条例》、《农业转基因生物安全评价管理办法》和《农业转基因生物进口安全管理办法》，特制定本工作规范。

一、农业部行政审批综合办公室受理

（一）审查内容

1. 申请人资质及基本信息是否真实有效，申请表内容填写是否准确齐全；

2. 申请资料的有效性和完整性。

（二）办理程序

农业部行政审批综合办公室对申请材料进行受理审查，并做出是否受理决定。审查合格的，向申请人出具受理通知书，同时将申请资料和办理通知书分送农业部科技发展中心进行初步审查；审查不合格的，向申请人出具不予受理通知书，并详细说明理由。

（三）办理时限

2 个工作日。

二、农业部科技发展中心初审

（一）审查内容

1. 申请资料的有效性；

2. 申请资料是否符合《农业转基因生物安全管理条例》、《农业转基因生物安全评价管理办法》和《农业转基因生物进口安全管理办法》的规定和要求；

3. 申请资料是否符合《转基因植物安全评价指南》、《动物用转基因微生物安全评价指南》等安全评价指南的规定和要求；

4. 申报单位是否符合相关要求。

（二）办理程序

农业部科技发展中心会同农业部科技教育司、部分农业转基因生物安全委员会（以下简称"安委会"）委员进行初审。初审通过的，农业部科技发展中心将申请材料移送安委会评审。同时做好安委会技术评审的准备工作。

（三）办理时限

1 个月。

三、安委会安全评审

（一）审查内容

1. 农业转基因生物分子特征；

2. 农业转基因生物环境安全性；

3. 农业转基因生物食用安全性；

4. 引进农业转基因生物在国（境）外已经进行的相关研究和获得的批准证明文件及其他相关资料。

（二）办理程序

安委会对申请资料进行技术评审，形成安委会评审意见，报农业部科技教育司。

（三）办理时限

2 个月。

四、农业部科技教育司报签

（一）审查内容

1. 申请事项是否符合国家农业转基因安全管理相关法规、规定及政策要求；

2. 技术评审的程序是否规范、有效；

3. 技术审核过程中形成的各项材料及意见是否规范、齐全、准确；

4. 安委会审核意见；

5. 批复文件与申请资料信息是否一致。

（二）办理程序

农业部科技教育司提出审查意见，办理签报，会签相关业务主管司（局），按程序报部领导签发后，制作批复文件，送农业部行政审批综合办公室。

（三）办理时限

3 个月加 15 个工作日。

五、农业部行政审批综合办公室办结

（一）审查内容

1. 审批书与领导签发意见复核；

2. 不予批准理由表述是否准确规范；

3. 批件内容与审批信息是否一致。

（二）办理程序

农业部行政审批综合办公室对审批决定和批件进行复核。复核通过的，及时予以办结，并将批件或办结通知书按照申请人要求的方式送达；复核未通过的，退回农业部科技教育司重新办理。

（三）办理时限

3 个工作日。

六、行政审批结果公开

农业部行政审批综合办公室办结行政许可申请的同时，将审批结果在农业部门户网站公开。

七、文件归档

农业部科技教育司负责部内签报和安委会评审意见的归档；农业部科技发展中心负责将行政审批过程中资料进行归档（申报材料等），保存时间按照档案管理有关规定执行。农业部行政审批综合办公室负责全年办理通知书的整理汇总，并保存一年备查。

开展林木转基因工程活动审批管理办法

中华人民共和国国家林业局令
第 20 号

《开展林木转基因工程活动审批管理办法》已经 2006 年 4 月 11 日国家林业局局务会议审议通过,现予公布,自 2006 年 7 月 1 日起施行。

国家林业局局长　贾治邦
二○○六年五月十一日

第一条　为了规范林木转基因工程活动审批行为,根据《中华人民共和国行政许可法》、《国务院对确需保留的行政审批项目设定行政许可的决定》(国务院令第 412 号)和国家有关规定,制定本办法。

第二条　实施林木转基因工程活动的行政许可,应当遵守本办法。

第三条　本办法所称林木转基因工程活动,包括转基因林木的研究、试验、生产、经营和进出口活动。

本办法所称转基因林木,是指利用基因工程技术改变基因组构成,用于林业生产或者林产品加工的森林植物,主要包括:

(一)转基因森林植物;

(二)转基因森林植物产品;

(三)转基因森林植物的直接加工品;

（四）含有转基因森林植物及其产品成分的其他相关产品。

第四条 林木转基因工程活动的安全等级按照其对人类、动植物、微生物和生态环境可能造成的危险程度，分为以下三级：

Ⅰ级：尚不存在危险；

Ⅱ级：具有低度危险；

Ⅲ级：具有高度危险。

林木转基因工程活动安全等级的具体划分标准和评价规范，由国家林业局另行制定。

第五条 从事转基因林木研究和试验的单位，应当具备下列条件：

（一）有从事转基因林木研究和试验的专门技术人员；

（二）具备与研究和试验相适应的仪器设备和设施条件。

从事转基因林木研究和试验的单位应当成立转基因林木安全管理组织，负责本单位转基因林木研究和试验的安全工作。

第六条 从事安全等级为Ⅰ级和Ⅱ级的转基因林木研究的，研究单位应当在研究开始前向国家林业局报告。

从事安全等级为Ⅲ级的转基因林木研究的，研究单位应当在研究开始前向国家林业局提出申请，并提交下列材料：

（一）申请书；

（二）林木转基因工程活动的安全等级和确定安全等级的依据；

（三）与安全等级相适应的安全设施、安全管理和防范措施等情况的说明材料；

（四）所在地省级林业主管部门或者大专院校、中央直属科研院所的审核意见。

第七条 转基因林木试验，一般分为中间试验、环境释放和生产性试验三个阶段。中间试验，是指在控制系统内或者控制条件下进行的小规模的试验。环境释放，是指在自然条件下采取相应安全措施所进行的中规模的试验。生产性试验，是指在生产和应用前进行的较大规模的试验。

转基因林木的环境释放和生产性试验可以同步进行。

第八条 转基因林木研究结束后，需要转入中间试验的，试验单位应当向国家林业局提出申请，并提交下列材料：

（一）申请书；

（二）研究总结报告；

（三）林木转基因工程活动的安全等级和确定安全等级的依据；

（四）相应的安全研究内容、安全管理和防范措施等情况的说明材料；

（五）所在地省级林业主管部门或者大专院校、中央直属科研院所的审核意见。

第九条 转基因林木中间试验结束后，需要进行环境释放，或者同步进行环境释放和生产性试验的，以及在环境释放结束后需要转入生产性试验的，试验单位应当向国家林业局提出申请，并提交下列材料：

（一）申请书；

（二）林木转基因工程活动的安全等级和确定安全等级的依据；

（三）相应的安全研究内容、安全管理和防范措施等情况的说明材料；

（四）上一试验阶段的总结报告；

（五）国家林业局指定的检测机构出具的检测报告；

（六）所在地省级林业主管部门或者大专院校、中央直属科研院所的审核意见。

第十条 申请安全等级为Ⅲ级的转基因林木研究，或者申请进行转基因林木试验，符合下列条件的，应当予以批准：

（一）具有可靠的安全性评价；

（二）具有符合安全等级要求的安全控制措施；

（三）符合本办法第五条规定的条件；

（四）符合国家有关法律、法规的规定。

第十一条 生产性试验结束后，需要申请转基因林木安全证书的，试验单位应当向国家林业局提出申请，并提交下列材料：

（一）申请书；

（二）转基因林木的安全等级和确定安全等级的依据；

（三）生产性试验阶段的总结报告；

（四）所在地省级林业主管部门或者大专院校、中央直属科研院所的审核意见；

（五）其他有关材料。

国家林业局应当组织对转基因林木安全证书申请进行安全性评价，安全性评价合格的，方可发放转基因林木安全证书。

第十二条 转基因林木安全证书应当载明转基因林木的名称、证书编号、规模、范围、有效期以及有关责任人、安全控制措施等内容。

第十三条 用于生产、经营的转基因林木，应当取得转基因林木安全证书。

生产、经营转基因林木的单位和个人，应当按照转基因林木安全证书的要求从事生产、经营活动。

销售转基因林木种子的，应当用明显的文字标注，并提示使用时的安全控制措施。

第十四条 拟从境外引进转基因林木用于研究、试验、生产或者经营的，应当向国家林业局提出申请，并提交下列材料：

（一）申请书；

（二）进口转基因林木安全管理登记表；

（三）拟引进的转基因林木在境外已经进行相应研究、试验、生产或者经营的证明文件；

（四）引进过程中拟采取的安全管理和防范措施。

拟引进转基因林木用于生产、经营的，还应当提交输出国家或者地区经过科学试验未发现其对人类、动植物、微生物和生态环境有害的资料。

第十五条 从境外引进的转基因林木用于研究、试验、生产、经营，应当依照本办法的规定执行。

第十六条 向境外出口林产品，外方要求提供是否属于转基因林木证明的，国家林业局可以提供相关证明材料。

第十七条 国家林业局收到开展林木转基因工程活动的有关申请后，对申请材料齐全、符合法定形式的，应当受理并出具《国家林业局行政许可受理通知书》；对不予受理的，应当告知申请人并说明理由，出具《国家林业局行政许可不予受理通知书》；对申请材料不齐或者不符合法定形式的，应当在 5 日内一次性告知申请人需要补正的全部内容，出具《国家林业局行政许可补正材料通知书》。

第十八条 国家林业局作出行政许可决定，需要组织专家评审论证或者指定检测机构对转基因林木进行检测的，应当自受理之日起 10 日内，出具《国家林业局行政许可需要听证、招标、拍卖、检验、检测、检疫、鉴定和专家评审通知书》，将专家评审论证和检测所需时间告知申请人。

专家评审论证和检测所需时间不计算在作出行政许可决定的期限内。

第十九条 国家林业局应当自受理之日起 20 日内作出是否准予行政许可的决定，出具《国家林业局准予行政许可决定书》或者《国家林业局不予行政许可决定书》，并告知申请人。

第二十条 在法定期限内不能作出行政许可决定的，经国家林业局主管负责人批准，国家林业局应当在法定期限届满前 5 个工作日办理《国家林业局行政许可延期通知书》，并告知申请人。

第二十一条 开展林木转基因工程活动的行政许可决定书，应当按照有关规定公示、公告。

第二十二条 国家林业局应当依法对被许可人开展林木转基因工程活动的情况进行监督检查。

第二十三条 被许可人以欺骗、贿赂等不正当手段取得批准的，国家林业局应当依法撤销其开展林木转基因工程活动的行政许可，并予以公示、公告。

作出撤销行政许可决定的，国家林业局应当以书面形式通知被许可人，并告知其享有依法申请行政复议或者提起行政诉讼的权利。

第二十四条 违反本办法规定，开展林木转基因工程活动的，国家林业局可以给予警告，有违法所得的，可以并处违法所得一倍以上三倍以下且不超过三万元的罚款；没有违法所得的，属于非经营活动的，可以并处一千元以下罚款，属于经营活动的，可以并处一万元以下罚款。

第二十五条　国家林业局的有关工作人员在实施开展林木转基因工程活动审批的行政许可中，滥用职权、徇私舞弊的，依法给予行政处分；情节严重，构成犯罪的，依法追究刑事责任。

第二十六条　开展林木转基因工程活动的有关书面申请材料均为一式 10 份，并按照国家林业局规定的格式制作。

第二十七条　本办法自 2006 年 7 月 1 日起施行。

农业转基因生物标识审查认可
批准文件审批工作规范

（中华人民共和国农业部第 349 号公告）

为进一步明确农业转基因行政审批各环节职责任务，提升工作的规范化、标准化水平，依据《中华人民共和国行政许可法》、《农业转基因生物安全管理条例》、《农业转基因生物安全评价管理办法》、《农业转基因生物标识管理办法》和《农业转基因生物进口安全管理办法》，特制定本工作规范。

一、农业部行政审批综合办公室受理

（一）审查内容

1. 申请人资质及基本信息是否真实有效，申请表内容填写是否准确齐全；

2. 申请资料的有效性和完整性。

（二）办理程序

农业部行政审批综合办公室对申请材料进行受理审查，并做出是否受理决定。审查合格的，向申请人出具受理通知书，同时将申请资料和办理通知书分送农业部科技发展中心；审查不合格的，向申请人出具不予受理通知书，并详细说明理由。

（三）办理时限

2 个工作日。

二、农业部科技发展中心初审

（一）审查内容

1. 转基因生物的特性；

2. 标识内容是否完整准确、规范；

3. 标注部位是否准确、规范；

4. 转基因生物入境信息及其他相关资料；

5. 申报单位是否符合相关要求。

（二）办理程序

农业部科技发展中心对申请材料进行初审，并提出审核意见，报农业部科技教育司。

（三）办理时限

7 个工作日。

三、农业部科技教育司审查报签

（一）审查内容

1. 申请事项是否符合国家农业转基因安全管理相关法规、规定及政策要求；

2. 农业部科技发展中心的审核意见；

3. 批复文件与申请资料信息是否一致。

（二）办理程序

农业部科技教育司提出审查意见，报司长（部长授权）签发后，制作批复文件，送农业部行政审批综合办公室。

（三）办理时限

8 个工作日。

四、农业部行政审批综合办公室办结

（一）审查内容

1. 审批决定与领导签发意见复核；

2. 不予批准理由表述是否准确规范；

3. 批件内容与审批信息是否一致。

（二）办理程序

农业部行政审批综合办公室对审批决定和批件进行复核。复核通过的，及时予以办结，并将批件或办结通知书按照申请人要求的方式送达；复核未通过的，退回农业部科技教育司重新办理。

（三）办理时限

3个工作日。

五、行政审批结果公开

农业部行政审批综合办公室办结行政许可申请的同时，通过农业部门户网站公开。

六、文件归档

农业部科技教育司负责司内签报的归档；农业部科技发展中心负责对行政审批过程中资料（申报资料等）的留存、整理，保存时间按照档案管理有关规定执行。农业部行政审批综合办公室负责全年办理通知书的整理汇总，并保存一年备查。

转基因棉花种子生产经营许可规定

中华人民共和国农业部公告

第 2436 号

根据《中华人民共和国种子法》《农业转基因生物安全管理条例》和《农作物种子生产经营许可管理办法》规定，我部修订了《转基因棉花种子生产经营许可规定》，现予公布，自 2016 年 10 月 18 日起施行。农业部 2011 年 9 月 6 日发布的《转基因棉花种子生产经营许可规定》（农业部第 1643 号公告）同时废止。

特此公告。

中华人民共和国农业部

2016 年 9 月 18 日

第一条 为加强转基因棉花种子生产经营许可管理，根据《中华人民共和国种子法》《农业转基因生物安全管理条例》《农作物种子生产经营许可管理办法》，制定本规定。

第二条 转基因棉花种子生产经营许可证，由企业所在地省级农业主管部门审核，农业部核发。

第三条 申请领取转基因棉花种子生产经营许可证的企业，应当具备以下条件：

（一）具有办公场所 200 平方米以上，检验室 150 平方米以上，加工厂房 500 平方米以上，仓库 500 平方米以上；

（二）具有转基因棉花自育品种或作为第一选育人的品种 1

个以上，或者合作选育的品种 2 个以上，或者受让品种权的品种 3 个以上；生产经营的品种应当通过审定并取得农业转基因生物安全证书。生产经营授权品种种子的，应当征得品种权人的书面同意；

（三）具有净度分析台、电子秤、样品粉碎机、烘箱、生物显微镜、电子天平、扦样器、分样器、发芽箱、PCR 扩增仪及产物检测配套设备、酸度计、高压灭菌锅、磁力搅拌器、恒温水浴锅、高速冷冻离心机、成套移液器等仪器设备，能够开展种子水分、净度、纯度、发芽率四项指标检测及品种分子鉴定；

（四）具有种子加工成套设备，成套设备总加工能力 1 吨/小时以上，配备棉籽化学脱绒设备；

（五）具有种子生产、加工贮藏和检验专业技术人员各 3 名以上，农业转基因生物安全管理人员 2 名以上；

（六）种子生产地点、经营区域在农业转基因生物安全证书批准的区域内；

（七）符合棉花种子生产规程以及转基因棉花种子安全生产要求的隔离和生产条件，生产地点无检疫性有害生物；

（八）有相应的农业转基因生物安全管理、防范措施；

（九）农业部规定的其他条件。

第四条 申请转基因棉花种子生产经营许可证的企业，应当向审核机关提交以下材料：

（一）转基因棉花种子生产经营许可证申请表；

（二）单位性质、股权结构等基本情况，公司章程、营业执照复印件，设立分支机构、委托生产种子、委托代销种子以及以购销方式销售种子等情况说明；

（三）种子生产、加工贮藏、检验技术人员和农业转基因生物安全管理人员的基本情况及其企业缴纳的社保证明复印件，企业法定代表人和高级管理人员名单及其种业从业简历；

（四）种子检验室、加工厂房、仓库和其他设施的自有产权或自有资产证明材料；办公场所自有产权证明复印件或租赁合同；种子检验、加工等设备清单和购置发票复印件；相关设施设备的情况说明及实景照片；

（五）品种审定证书和农业转基因生物安全证书复印件；生产经营授权品种种子的，提交植物新品种权证书复印件及品种权人的书面同意证明；

（六）委托种子生产合同复印件或自行组织种子生产的情况说明和证明材料；

（七）种子生产地点检疫证明；种子生产所在地省级农业主管部门书面意见；

（八）农业转基因生物安全管理、防范措施说明；

（九）农业部规定的其他材料。

第五条 审核机关应当自受理申请之日起二十个工作日内完成审核工作。审核机关应当对申请企业的办公场所和种子加工、检验、仓储等设施设备进行实地考察，并查验相关申请材料原件。符合条件的，签署审核意见，上报核发机关；审核不予通过的，书面通知申请人并说明理由。

核发机关应当自收到申请材料和审核意见之日起二十个工作日内完成核发工作。核发机关认为有必要的，可以进行实地考察并查验原件。符合条件的，发给种子生产经营许可证并予公告；不符合条件的，书面通知申请人并说明理由。

第六条 转基因棉花种子生产经营许可证设主证、副证。主证注明许可证编号、企业名称、统一社会信用代码、住所、法定代表人、生产经营范围、生产经营方式、有效区域、有效期至、发证机关、发证日期；副证注明生产种子的作物种类、种子类别、品种名称及审定编号、转基因安全证书编号、生产地点、有效期至等。转基因棉花种子生产经营许可证加注许可信息代码。

（一）许可证编号为"G（农）农种许字（xxxx）第xxxx号"，第二个括号内为首次发证时的年号，"第xxxx号"为四位顺序号；

（二）生产经营方式按生产、加工、包装、批发、零售填写；

（三）生产地点为种子生产所在地，标注至县级行政区域。

第七条 转基因棉花种子生产经营许可证有效期为5年，同时不得超出农业转基因生物安全证书规定的有效期限。

在有效期内变更主证、副证载明事项的，应当按照原申请程序办理变更手续，并提供相应证明材料。

许可证期满后继续从事转基因棉花种子生产经营的，企业应当在期满六个月前重新提出申请。

第八条 转基因棉花种子生产经营许可的其他事项，按照《农作物种子生产经营许可管理办法》有关规定执行。

第九条 本规定自2016年10月18日起施行。农业部2011年9月6日公布、2015年4月29日修订的《转基因棉花种子生产经营许可规定》（农业部第1643号公告）同时废止。

本规定施行之日前已取得的转基因棉花种子生产、经营许可证有效期不变，有效期在本规定公布之日至2016年12月31日届满的企业，其原有转基因棉花种子生产、经营许可证的有效期自动延展至2016年12月31日。

基因工程安全管理办法

国家科学技术委员会令

第 17 号

1993 年 12 月 24 日

第一章　总　　则

第一条　为了促进我国生物技术的研究与开发，加强基因工程工作的安全管理，保障公众和基因工程工作人员的健康，防止环境污染，维护生态平衡，制定本办法。

第二条　本办法所称基因工程，包括利用载体系统的重组体 DNA 技术，以及利用物理或者化学方法把异源 DNA 直接导入有机体的技术。但不包括下列遗传操作：

（一）细胞融合技术，原生质体融合技术；

（二）传统杂交繁殖技术；

（三）诱变技术，体外受精技术，细胞培养或者胚胎培养技术。

第三条 本办法适用于在中华人民共和国境内进行的一切基因工程工作，包括实验研究、中间试验、工业化生产以及遗传工程体释放和遗传工程产品使用等。

从国外进口遗传工程体，在中国境内进行基因工程工作的，应当遵守本办法。

第四条 国家科学技术委员会主管全国基因工程安全工作，成立全国基因工程安全委员会，负责基因工程安全监督和协调。

国务院有关行政主管部门依照有关规定，在各自的职责范围内对基因工程工作进行安全管理。

第五条 基因工程工作安全管理实行安全等级控制、分类归口审批制度。

第二章 安全等级和安全性评价

第六条 按照潜在危险程度，将基因工程工作分为四个安全等级：

安全等级 I，该类基因工程工作对人类健康和生态环境尚不存在危险；

安全等级 II，该类基因工程工作对人类健康和生态环境具有低度危险；

安全等级 III，该类基因工程工作对人类健康和生态环境具有中度危险；

安全等级 IV，该类基因工程工作对人类健康和生态环境具有高度危险。

第七条 各类基因工程工作的安全等级的技术标准和环境标准，由国务院有关行政主管部门制定，并报全国基因工程安全委员会备案。

第八条　从事基因工程工作的单位，应当进行安全性评价，评估潜在危险，确定安全等级，制定安全控制方法和措施。

第九条　从事基因工程实验研究，应当对 DNA 供体、载体、宿主及遗传工程体进行安全性评价。安全性评价重点是目的基因、载体、宿主和遗传工程体的致病性、致癌性、抗药性、转移性和生态环境效应，以及确定生物控制和物理控制等级。

第十条　从事基因工程中间试验或者工业化生产，应当根据所用遗传工程体的安全性评价，对培养、发酵、分离和纯化工艺过程的设备和设施的物理屏障进行安全性鉴定，确定中间试验或者工业化生产的安全等级。

第十一条　从事遗传工程体释放，应当对遗传工程体安全性、释放目的、释放地区的生态环境、释放方式、监测方法和控制措施进行评价，确定释放工作的安全等级。

第十二条　遗传工程产品的使用，应当经过生物学安全检验，进行安全性评价，确定遗传工程产品对公众健康和生态环境可能产生的影响。

第三章　申报和审批

第十三条　从事基因工程工作的单位，应当依据遗传工程产品适用性质和安全等级，分类分级进行申报，经审批同意后方能进行。

第十四条　基因工程实验研究，属于安全等级Ⅰ和Ⅱ的工作，由本单位行政负责人批准；属于安全等级Ⅲ的工作，由本单位行政负责人审查，报国务院有关行政主管部门批准；属于安全等级Ⅳ的工作，经国务院有关行政主管部门审查，报全国基因工程安全委员会批准。

第十五条 基因工程中间试验，属于安全等级Ⅰ的工作，由本单位行政负责人批准；属于安全等级Ⅱ的工作，报国务院有关行政主管部门批准；属于安全等级Ⅲ的工作，由国务院有关行政主管部门审批；并报全国基因工程安全委员会备案；属于安全等级Ⅳ的工作，由国务院有关行政主管部门审查，报全国基因工程安全委员会批准。

第十六条 基因工程工业化生产、遗传工程体释放和遗传工程产品使用，属于安全等级Ⅰ至Ⅲ的工作，由国务院有关行政主管部门审批，并报全国基因工程安全委员会备案；属于安全等级Ⅳ的工作，由国务院有关行政主管部门审查，报全国基因工程安全委员会批准。

第十七条 从事基因工程工作的单位应当履行下列申报手续：

（一）项目负责人对从事的基因工程工作进行安全性评价，并填报申请书；

（二）本单位学术委员会对申报资料进行技术审查；

（三）上报申请书及提交有关技术资料。

第十八条 凡符合下列各项条件的基因工程工作，应当予以批准，并签发证明文件：

（一）不存在对申报的基因工程工作安全性评价的可靠性产生怀疑的事实；

（二）保证所申报的基因工程工作按照安全等级的要求，采取与现有科学技术水平相适应的安全控制措施，判断不会对公众健康和生态环境造成严重危害；

（三）项目负责人和工作人员具备从事基因工程工作所必需的专业知识和安全操作知识，能承担本办法规定的义务；

（四）符合国家有关法律、法规规定。

第四章　安全控制措施

第十九条　从事基因工程工作的单位，应当根据安全等级，确定安全控制方法，制定安全操作规则。

第二十条　从事基因工程工作的单位，应当根据安全等级，制定相应治理废弃物的安全措施。排放之前应当采取措施使残留遗传工程体灭活，以防止扩散和污染环境。

第二十一条　从事基因工程工作的单位，应当制定预防事故的应急措施，并将其列入安全操作规则。

第二十二条　遗传工程体应当贮存在特定设备内。贮放场所的物理控制应当与安全等级相适应。

安全等级Ⅳ的遗传工程体贮放场所，应当指定专人管理。

从事基因工程工作的单位应当编制遗传工程体的贮存目录清单，以备核查。

第二十三条　转移或者运输的遗传工程体应当放置在与其安全等级相适应的容器内，严格遵守国家有关运输或者邮寄生物材料的规定。

第二十四条　从事基因工程工作的单位和个人必须认真做好安全监督记录。安全监督记录保存期不得少于十年，以备核查。

第二十五条　因基因工程工作发生损害公众健康或者环境污染事故的单位，必须及时采取措施，控制损害的扩大，并向有关主管部门报告。

第五章　法律责任

第二十六条　有下列情况之一的，由有关主管部门视情节轻重分别给予警告、责令停止工作、停止资助经费、没收非法所得的处罚：

（一）未经审批，擅自进行基因工程工作的；

（二）使用不符合规定的装置、仪器、试验室等设施的；

（三）违反基因工程工作安全操作规则的；

（四）违反本办法其它规定的。

第二十七条 审批机关工作人员玩忽职守、徇私舞弊，由所在单位或者其上级主管部门对直接责任人员给予行政处分。情节严重，构成犯罪的，依法追究刑事责任。

第二十八条 违反本办法的规定，造成下列情况之一的。负有责任的单位必须立即停止损害行为，并负责治理污染、赔偿有关损失；情节严重，构成犯罪的，依法追究直接责任人员的刑事责任：

（一）严重污染环境的；

（二）损害或者影响公众健康的；

（三）严重破坏生态资源、影响生态平衡的。

第二十九条 审批机构的工作人员和参与审查的专家负有为申报者保守技术秘密的责任。

第六章　附　则

第三十条 本办法所用术语的含义是：

（一）DNA，系脱氧核糖核酸的英文名词缩写，是贮存生物遗传信息的遗传物质。

（二）基因，系控制生物性状的遗传物质的功能和结构单位，是具有遗传信息的 DNA 片段。

（三）目的基因，系指以修饰宿主细胞遗传组成并表达其遗传效应为目的异源 DNA 片段。

（四）载体，系指具有运载异源 DNA 进入宿主细胞和自我复制能力的 DNA 分子。

（五）宿主细胞，系指被导入重组 DNA 分子的细胞。宿主细胞又称受体细胞。

（六）重组 DNA 分子，系指由异源 DNA 与载体 DNA 组成的杂种 DNA 分子。

（七）有机体，系指能够繁殖或者能够传递遗传物质的活细胞或者生物体。

（八）重组体，系指因自然因素或者用人工方法导入异源 DNA 改造其遗传组成的机体。

（九）变异体，系指因自然或者人工因素导致其遗传物质变化的有机体。

（十）重组体 DNA 技术，系指利用载体系统人工修饰有机体遗传组成的技术，即在体外通过酶的作用将异源 DNA 与载体 DNA 重组，并将该重组 DNA 分子导入宿主细胞内，以扩增异源 DNA 并实现其功能表达的技术。

（十一）遗传工程体，系指利用基因工程的遗传操作获得的有机体，包括遗传工程动物、遗传工程植物和遗传工程微生物。

下列变异体和重组体不属于本办法所称遗传工程体：用细胞融合或者原生质体融合技术获得的生物；传统杂交繁殖技术获得的动物和植物；物理化学因素诱变技术其遗传组成的生物；以及染色体结构畸变和数目畸变的生物。

（十二）遗传工程产品，系指含有遗传工程体、遗传工程体成份或者遗传工程体目的基因表达产物的产品。

（十三）基因工程实验研究，系指在控制系统内进行的实验室规模的基因工程研究工作。

（十四）基因工程中间试验，系指把基因工程实验研究成果和遗传工程体应用于工业化生产（生产定型和鉴定）之前，旨在验证、补充相关数据，确定、完善技术规范（产品标准和工艺规程）或者解决扩大生产关键技术，在控制系统内进行的试验或者试生产。

（十五）基因工程工业化生产，系指利用遗传工程体，在控制系统内进行医药、农药、兽药、饲料、肥料、食品、添加剂、化工原料等商业化规模生产，亦包括利用遗传工程进行冶金、采油和处理废物的工艺过程。

（十六）遗传工程体释放，系指遗传工程体在开放系统内进行研究、生产和应用，包括将遗传工程体施用于田间、牧场、森林、矿床和水域等自然生态系统中。

（十七）遗传工程产品使用，系指遗传工程产品投放市场销售或者供人们应用。

（十八）控制系统，系指通过物理控制和生物控制建立的操作体系。

物理控制，系指利用设备的严密封闭、设施的特殊设计和安全操作，使有潜在危险的 DNA 供体、载体和宿主细胞或者遗传工程体向环境扩散减少到最低限度。

生物控制，系指利用遗传修饰，使有潜在危险的载体和宿主细胞在控制系统外的存活、繁殖和转移能力降低到最低限度。

不具备上述控制条件的操作体系，称为开放系统。

第三十一条 国务院有关行政主管部门按照本办法的规定，在各自的职责范围内制定实施细则。

第三十二条 本办法由国家科学技术委员会解释。

第三十三条 本办法自发布之日起施行。

附　录

农业转基因生物安全评价管理办法

中华人民共和国农业部令

2016 年第 7 号

《农业部关于修改〈农业转基因生物安全评价管理办法〉的决定》已于 2016 年 5 月 3 日经农业部第 4 次常务会议审议通过，现予公布，自 2016 年 10 月 1 日起施行。

农业部部长

2016 年 7 月 25 日

第一章　总　则

第一条　为了加强农业转基因生物安全评价管理，保障人类健康和动植物、微生物安全，保护生态环境，根据《农业转基因生物安全管理条例》（简称《条例》），制定本办法。

第二条　在中华人民共和国境内从事农业转基因生物的研究、试验、生产、加工、经营和进口、出口活动，依照《条例》

规定需要进行安全评价的，应当遵守本办法。

第三条　本办法适用于《条例》规定的农业转基因生物，即利用基因工程技术改变基因组构成，用于农业生产或者农产品加工的植物、动物、微生物及其产品，主要包括：

（一）转基因动植物（含种子、种畜禽、水产苗种）和微生物；

（二）转基因动植物、微生物产品；

（三）转基因农产品的直接加工品；

（四）含有转基因动植物、微生物或者其产品成份的种子、种畜禽、水产苗种、农药、兽药、肥料和添加剂等产品。

第四条　本办法评价的是农业转基因生物对人类、动植物、微生物和生态环境构成的危险或者潜在的风险。安全评价工作按照植物、动物、微生物三个类别，以科学为依据，以个案审查为原则，实行分级分阶段管理。

第五条　根据《条例》第九条的规定设立国家农业转基因生物安全委员会，负责农业转基因生物的安全评价工作。国家农业转基因生物安全委员会由从事农业转基因生物研究、生产、加工、检验检疫、卫生、环境保护等方面的专家组成，每届任期五年。

农业部设立农业转基因生物安全管理办公室，负责农业转基因生物安全评价管理工作。

第六条　从事农业转基因生物研究与试验的单位是农业转基因生物安全管理的第一责任人，应当成立由单位法定代表人负责的农业转基因生物安全小组，负责本单位农业转基因生物的安全管理及安全评价申报的审查工作。

从事农业转基因生物研究与试验的单位，应当制定农业转基因生物试验操作规程，加强农业转基因生物试验的可追溯管理。

第七条 农业部根据农业转基因生物安全评价工作的需要，委托具备检测条件和能力的技术检测机构对农业转基因生物进行检测，为安全评价和管理提供依据。

第八条 转基因植物种子、种畜禽、水产种苗，利用农业转基因生物生产的或者含有农业转基因生物成份的种子、种畜禽、水产种苗、农药、兽药、肥料和添加剂等，在依照有关法律、行政法规的规定进行审定、登记或者评价、审批前，应当依照本办法的规定取得农业转基因生物安全证书。

第二章 安全等级和安全评价

第九条 农业转基因生物安全实行分级评价管理。

按照对人类、动植物微生物和生态环境的危险程度，将农业转基因生物分为以下四个等级：

安全等级 Ⅰ：尚不存在危险；

安全等级 Ⅱ：具有低度危险；

安全等级 Ⅲ：具有中度危险；

安全等级 Ⅳ：具有高度危险。

第十条 农业转基因生物安全评价和安全等级的确定按以下步骤进行：

（一）确定受体生物的安全等级；

（二）确定基因操作对受体生物安全等级影响的类型；

（三）确定转基因生物的安全等级；

（四）确定生产、加工活动对转基因生物安全性的影响；

（五）确定转基因产品的安全等级。

第十一条　受体生物安全等级的确定

受体生物分为四个安全等级：

（一）符合下列条件之一的受体生物应当确定为安全等级Ⅰ：

1. 对人类健康和生态环境未曾发生过不利影响；

2. 演化成有害生物的可能性极小；

3. 用于特殊研究的短存活期受体生物，实验结束后在自然环境中存活的可能性极小。

（二）对人类健康和生态环境可能产生低度危险，但是通过采取安全控制措施完全可以避免其危险的受体生物，应当确定为安全等级Ⅱ。

（三）对人类健康和生态环境可能产生中度危险，但是通过采取安全控制措施，基本上可以避免其危险的受体生物，应当确定为安全等级Ⅲ。

（四）对人类健康和生态环境可能产生高度危险，而且在封闭设施之外尚无适当的安全控制措施避免其发生危险的受体生物，应当确定为安全等级Ⅳ。

包括：

1. 可能与其它生物发生高频率遗传物质交换的有害生物；

2. 尚无有效技术防止其本身或其产物逃逸、扩散的有害生物；

3. 尚无有效技术保证其逃逸后，在对人类健康和生态环境产生不利影响之前，将其捕获或消灭的有害生物。

第十二条　基因操作对受体生物安全等级影响类型的确定

基因操作对受体生物安全等级的影响分为三种类型，即：增加受体生物的安全性；不影响受体生物的安全性；降低受体生物的安全性。

类型1　增加受体生物安全性的基因操作

包括：去除某个（些）已知具有危险的基因或抑制某个（些）已知具有危险的基因表达的基因操作。

类型2　不影响受体生物安全性的基因操作

包括：

1. 改变受体生物的表型或基因型而对人类健康和生态环境没有影响的基因操作；

2. 改变受体生物的表型或基因型而对人类健康和生态环境没有不利影响的基因操作。

类型3　降低受体生物安全性的基因操作

包括：

1. 改变受体生物的表型或基因型，并可能对人类健康或生态环境产生不利影响的基因操作；

2. 改变受体生物的表型或基因型，但不能确定对人类健康或生态环境影响的基因操作。

第十三条　农业转基因生物安全等级的确定

根据受体生物的安全等级和基因操作对其安全等级的影响类型及影响程度，确定转基因生物的安全等级。

（一）受体生物安全等级为Ⅰ的转基因生物

1. 安全等级为Ⅰ的受体生物，经类型1或类型2的基因操作而得到的转基因生物，其安全等级仍为Ⅰ。

2. 安全等级为Ⅰ的受体生物，经类型3的基因操作而得到的转基因生物，如果安全性降低很小，且不需要采取任何安全控制措施的，则其安全等级仍为Ⅰ；如果安全性有一定程度的降低，但是可以通过适当的安全控制措施完全避免其潜在危险的，则其安全等级为Ⅱ；如果安全性严重降低，但是可以通过严格的安全控制措施避免其潜在危险的，则其安全等级为Ⅲ；如果安全性严重降低，而且无法通过安全控制措施完全避免其危险的，则其安全等级为Ⅳ。

（二）受体生物安全等级为Ⅱ的转基因生物

1. 安全等级为Ⅱ的受体生物，经类型1的基因操作而得到的转基因生物，如果安全性增加到对人类健康和生态环境不再产生不利影响的，则其安全等级为Ⅰ；如果安全性虽有增加，但对人类健康和生态环境仍有低度危险的，则其安全等级仍为Ⅱ。

2. 安全等级为Ⅱ的受体生物，经类型2的基因操作而得到的转基因生物，其安全等级仍为Ⅱ。

3. 安全等级为Ⅱ的受体生物，经类型3的基因操作而得到的转基因生物，根据安全性降低的程度不同，其安全等级可为Ⅱ、Ⅲ或Ⅳ，分级标准与受体生物的分级标准相同。

（三）受体生物安全等级为Ⅲ的转基因生物

1. 安全等级为Ⅲ的受体生物，经类型1的基因操作而得到的转基因生物，根据安全性增加的程度不同，其安全等级可为Ⅰ、Ⅱ或Ⅲ，分级标准与受体生物的分级标准相同。

2. 安全等级为Ⅲ的受体生物，经类型2的基因操作而得到的转基因生物，其安全等级仍为Ⅲ。

3. 安全等级为Ⅲ的受体生物，经类型3的基因操作得到的转基因生物，根据安全性降低的程度不同，其安全等级可为Ⅲ或Ⅳ，分级标准与受体生物的分级标准相同。

（四）受体生物安全等级为Ⅳ的转基因生物

1. 安全等级为Ⅳ的受体生物，经类型1的基因操作而得到的转基因生物，根据安全性增加的程度不同，其安全等级可为Ⅰ、Ⅱ、Ⅲ或Ⅳ，分级标准与受体生物的分级标准相同。

2. 安全等级为Ⅳ的受体生物，经类型2或类型3的基因操作而得到的转基因生物，其安全等级仍为Ⅳ。

第十四条 农业转基因产品安全等级的确定

根据农业转基因生物的安全等级和产品的生产、加工活动对其安全等级的影响类型和影响程度，确定转基因产品的安全等级。

（一）农业转基因产品的生产、加工活动对转基因生物安全等级的影响分为三种类型：

类型1 增加转基因生物的安全性；

类型2 不影响转基因生物的安全性；

类型3 降低转基因生物的安全性。

（二）转基因生物安全等级为Ⅰ的转基因产品

1. 安全等级为Ⅰ的转基因生物，经类型1或类型2的生产、加工活动而形成的转基因产品，其安全等级仍为Ⅰ。

2. 安全等级为Ⅰ的转基因生物，经类型3的生产、加工活动而形成的转基因产品，根据安全性降低的程度不同，其安全等级可为Ⅰ、Ⅱ、Ⅲ或Ⅳ，分级标准与受体生物的分级标准相同。

（三）转基因生物安全等级为Ⅱ的转基因产品

1. 安全等级为Ⅱ的转基因生物，经类型的生产、加工活动而形成的转基因产品，如果安全性增加到对人类健康和生态环境不再产生不利影响的，其安全等级为Ⅰ；如果安全性虽然有增加，但是对人类健康或生态环境仍有低度危险的，其安全等级仍为Ⅱ。

2. 安全等级为Ⅱ的转基因生物，经类型2的生产、加工活动而形成的转基因产品，其安全等级仍为Ⅱ。

3. 安全等级为Ⅱ的转基因生物，经类型3的生产、加工活动而形成的转基因产品，根据安全性降低的程度不同，其安全等级可为Ⅱ、Ⅲ或Ⅳ，分级标准与受体生物的分级标准相同。

（四）转基因生物安全等级为Ⅲ的转基因产品

1. 安全等级为Ⅲ的转基因生物，经类型1的生产、加工活动而形成的转基因产品，根据安全性增加的程度不同，其安全等级可为Ⅰ、Ⅱ或Ⅲ，分级标准与受体生物的分级标准相同。

2. 安全等级为Ⅲ的转基因生物，经类型2的生产、加工活动而形成的转基因产品，其安全等级仍为Ⅲ。

3. 安全等级为Ⅲ的转基因生物，经类型3的生产、加工活动而形成转基因产品，根据安全性降低的程度不同，其安全等级可为Ⅲ或Ⅳ，分级标准与受体生物的分级标准相同。

（五）转基因生物安全等级为Ⅳ的转基因产品

1. 安全等级为Ⅳ的转基因生物，经类型1的生产、加工活动而得到的转基因产品，根据安全性增加的程度不同，具安全等级可为Ⅰ、Ⅱ、Ⅲ或Ⅳ，分级标准与受体生物的分级标准相同。

2. 安全等级为Ⅳ的转基因生物，经类型2或类型3的生产、加工活动而得到的转基因产品，其安全等级仍为Ⅳ。

第三章 申报和审批

第十五条 凡在中华人民共和国境内从事农业转基因生物安全等级为Ⅲ和Ⅳ的研究以及所有安全等级的试验和进口的单位以及生产和加工的单位和个人，应当根据农业转基因生物的类别和安全等级，分阶段向农业转基因生物安全管理办公室报告或者提出申请。

第十六条　农业部依法受理农业转基因生物安全评价申请。申请被受理的，应当交由国家农业转基因生物安全委员会进行安全评价。国家农业转基因生物安全委员会每年至少开展两次农业转基因生物安全评审。农业部收到安全评价结果后按照《中华人民共和国行政许可法》和《条例》的规定作出批复。

第十七条　从事农业转基因生物试验和进口的单位以及从事农业转基因生物生产和加工的单位和个人，在向农业转基因生物安全管理办公室提出安全评价报告或申请前应当完成下列手续：

（一）报告或申请单位和报告或申请人对所从事的转基因生物工作进行安全性评价，并填写报告书或申报书（见附录Ⅴ）；

（二）组织本单位转基因生物安全小组对申报材料进行技术审查；

（三）提供有关技术资料。

第十八条　在中华人民共和国从事农业转基因生物实验研究与试验的，应当具备下列条件：

（一）在中华人民共和国境内有专门的机构；

（二）有从事农业转基因生物实验研究与试验的专职技术人员；

（三）具备与实验研究和试验相适应的仪器设备和设施条件；

（四）成立农业转基因生物安全管理小组。

第十九条　报告农业转基因生物实验研究和中间试验以及

申请环境释放、生产性试验和安全证书的单位应当按照农业部制定的农业转基因植物、动物和微生物安全评价各阶段的报告或申报要求、安全评价的标准和技术规范，办理报告或申请手续（见附录Ⅰ、Ⅱ、Ⅲ、Ⅳ）。

第二十条 从事安全等级为Ⅰ和Ⅱ的农业转基因生物实验研究，由本单位农业转基因生物安全小组批准；从事安全等级为Ⅲ和Ⅳ的农业转基因生物实验研究，应当在研究开始前向农业转基因生物安全管理办公室报告。

研究单位向农业转基因生物安全管理办公室报告时应当提供以下材料：

（一）实验研究报告书（见附录Ⅴ）；

（二）农业转基因生物的安全等级和确定安全等级的依据；

（三）相应的实验室安全设施、安全管理和防范措施。

第二十一条 在农业转基因生物（安全等级Ⅰ、Ⅱ、Ⅲ、Ⅳ）实验研究结束后拟转入中间试验的，试验单位应当向农业转基因生物安全管理办公室报告。

试验单位向农业转基因生物安全管理办公室报告时应当提供下列材料：

（一）中间试验报告书（见附录Ⅴ）；

（二）实验研究总结报告；

（三）农业转基因生物的安全等级和确定安全等级的依据；

（四）相应的安全研究内容、安全管理和防范措施。

第二十二条 在农业转基因生物中间试验结束后拟转入环境释放的，或者在环境释放结束后拟转入生产性试验的，试验单位应当向农业转基因生物安全管理办公室提出申请，经农业转基因生物安全委员会安全评价合格并由农业部批准后，方可根据农业转基因生物安全审批书的要求进行相应的试验。

试验单位提出前款申请时，应当按照相关安全评价指南的要求提供下列材料：

（一）安全评价申报书（见附录Ⅴ）；

（二）农业转基因生物的安全等级和确定安全等级的依据；

（三）农业部委托的技术检测机构出具的检测报告；

（四）相应的安全研究内容、安全管理和防范措施；

（五）上一试验阶段的试验总结报告。

申请生产性试验的，还应当按要求提交农业转基因生物样品、对照样品及检测方法。

第二十三条　在农业转基因生物安全审批书有效期内，试验单位需要改变试验地点的，应当向农业转基因生物安全管理办公室报告。

第二十四条　在农业转基因生物试验结束后拟申请安全证书的，试验单位应当向农业转基因生物安全管理办公室提出申请，经国家农业转基因生物安全委员会安全评价合格并由农业部批准后，方可颁发农业转基因生物安全证书。

试验单位提出前款申请时，应当按照相关安全评价指南的要求提供下列材料：

（一）安全评价申报书（见附录Ⅴ）；

（二）农业转基因生物的安全等级和确定安全等级的依据；

（三）农业部委托的农业转基因生物技术检测机构出具的检测报告；

（四）中间试验、环境释放和生产性试验阶段的试验总结报告；

（五）按要求提交农业转基因生物样品、对照样品及检测方法，但按照本办法第二十二条规定已经提交的除外；

（六）其他有关材料。

第二十五条 农业转基因生物安全证书应当明确转基因生物名称（编号）、规模、范围、时限及有关责任人、安全控制措施等内容。

从事农业转基因生物生产和加工的单位和个人以及进口的单位，应当按照农业转基因生物安全证书的要求开展工作并履行安全证书规定的相关义务。

农业转基因生物安全证书上的转基因生物名称，应当符合农作物品种审定命名的要求。

第二十六条 从中华人民共和国境外引进农业转基因生物，或者向中华人民共和国出口农业转基因生物的，应当按照《农业转基因生物进口安全管理办法》的规定提供相应的安全评价材料，并在申请安全证书时按要求提交农业转基因生物样品、对照样品及检测方法。

第二十七条 申请农业转基因生物安全评价，应当按照财政部、国家发展改革委的有关规定交纳评价费和检测费。

第二十八条 农业转基因生物安全评价受理审批机构的工作人员和参与审查的专家，应当为申报者保守技术秘密和商业秘密，与本人及其近亲属有利害关系的应当回避。

第四章 技术检测管理

第二十九条 农业部根据农业转基因生物安全评价及其管理工作的需要，委托具备检测条件和能力的技术检测机构进行检测。

第三十条 技术检测机构应当具备下列基本条件：

（一）具有公正性和权威性，设有相对独立的机构和专职人员；

（二）具备与检测任务相适应的、符合国家标准（或行业标准）的仪器设备和检测手段；

（三）严格执行检测技术规范，出具的检测数据准确可靠；

（四）有相应的安全控制措施。

第三十一条 技术检测机构的职责任务：

（一）为农业转基因生物安全管理和评价提供技术服务；

（二）承担农业部或申请人委托的农业转基因生物定性定量检验、鉴定和复查任务；

（三）出具检测报告，做出科学判断；

（四）研究检测技术与方法，承担或参与评价标准和技术法规的制修订工作；

（五）检测结束后，对用于检测的样品应当安全销毁，不得保留；

（六）为委托人和申请人保守技术秘密和商业秘密。

第五章 监督管理与安全监控

第三十二条 农业部负责农业转基因生物安全的监督管理，指导不同生态类型区域的农业转基因生物安全监控和监测工作，建立全国农业转基因生物安全监管和监测体系。

第三十三条 县级以上地方各级人民政府农业行政主管部门按照《条例》第三十九条和第四十条的规定负责本行政区域内的农业转基因生物安全的监督管理工作。

第三十四条 有关单位和个人应当按照《条例》第四十一

条的规定，配合农业行政主管部门做好监督检查工作。

第三十五条 从事农业转基因生物试验、生产的单位，应当接受农业行政主管部门的监督检查，并在每年 3 月 31 日前，向试验、生产所在地省级和县级人民政府农业行政主管部门提交上一年度试验、生产总结报告。

第三十六条 从事农业转基因生物试验和生产的单位，应当根据本办法的规定确定安全控制措施和预防事故的紧急措施，做好安全监督记录，以备核查。安全控制措施包括物理控制、化学控制、生物控制、环境控制和规模控制等（见附录Ⅳ）。

第三十七条 安全等级Ⅱ、Ⅲ、Ⅳ的转基因生物，在废弃物处理和排放之前应当采取可靠措施将其销毁、灭活，以防止扩散和污染环境。发现转基因生物扩散、残留或者造成危害的，必须立即采取有效措施加以控制、消除，并向当地农业行政主管部门报告。

第三十八条 农业转基因生物在贮存、转移、运输和销毁、灭活时，应当采取相应的安全管理和防范措施，具备特定的设备或场所，指定专人管理并记录。

第三十九条 发现农业转基因生物对人类、动植物和生态环境存在危险时，农业部有权宣布禁止生产、加工、经营和进口，收回农业转基因生物安全证书，由货主销毁有关存在危险的农业转基因生物。

第六章 罚 则

第四十条 违反本办法规定，从事安全等级Ⅲ、Ⅳ的农业转基因生物实验研究或者从事农业转基因生物中间试验，未向农业部报告的，按照《条例》第四十三条的规定处理。

第四十一条 违反本办法规定，未经批准擅自从事环境释放、生产性试验的，或已获批准但未按照规定采取安全管理防范措施的，或者超过批准范围和期限进行试验的，按照《条例》第四十四条的规定处罚。

第四十二条 违反本办法规定，在生产性试验结束后，未取得农业转基因生物安全证书，擅自将农业转基因生物投入生产和应用的，按照《条例》第四十五条的规定处罚。

第四十三条 假冒、伪造、转让或者买卖农业转基因生物安全证书、审批书以及其他批准文件的，按照《条例》第五十三条的规定处罚。

第四十四条 违反本办法规定核发农业转基因生物安全审批书、安全证书以及其他批准文件的，或者核发后不履行监督管理职责的，按照《条例》第五十五条的规定处罚。

第七章 附 则

第四十五条 本办法所用术语及含义如下：

一、基因，系控制生物性状的遗传物质的功能和结构单位，主要指具有遗传信息的 DNA 片段。

二、基因工程技术，包括利用载体系统的重组 DNA 技术以及利用物理、化学和生物学等方法把重组 DNA 分子导入有机体的技术。

三、基因组，系指特定生物的染色体和染色体外所有遗传物质的总和。

四、DNA，系脱氧核糖核酸的英文名词缩写，是贮存生物遗传信息的遗传物质。

五、农业转基因生物，系指利用基因工程技术改变基因组构成，用于农业生产或者农产品加工的动植物、微生物及其产品。

六、目的基因，系指以修饰受体细胞遗传组成并表达其遗传效应为目的的基因，

七、受体生物，系指被导入重组 DNA 分子的生物。

八、种子，系指农作物和林木的种植材料或者繁殖材料，包括籽粒、果实和根、茎、苗、芽、叶等。

九、实验研究，系指在实验室控制系统内进行的基因操作和转基因生物研究工作。

十、中间试验，系指在控制系统内或者控制条件下进行的小规模试验。

十一、环境释放，系指在自然条件下采取相应安全措施所进行的中规模的试验。

十二、生产性试验，系指在生产和应用前进行的较大规模的试验。

十三、控制系统，系指通过物理控制、化学控制和生物控制建立的封闭或半封闭操作体系。

十四、物理控制措施，系指利用物理方法限制转基因生物及其产物在实验区外的生存及扩散，如设置栅栏，防止转基因生物及其产物从实验区逃逸或被人或动物携带至实验区外等。

十五、化学控制措施，系指利用化学方法限制转基因生物及其产物的生存、扩散或残留，如生物材料、工具和设施的消毒。

十六、生物控制措施，系指利用生物措施限制转基因生物及其产物的生存、扩散或残留，以及限制遗传物质由转基因生

物向其它生物的转移，如设置有效的隔离区及监控区、清除试验区附近可与转基因生物杂交的物种、阻止转基因生物开花或去除繁殖器官、或采用花期不遇等措施，以防止目的基因向相关生物的转移。

十七、环境控制措施，系指利用环境条件限制转基因生物及其产物的生存、繁殖、扩散或残留，如控制温度、水份、光周期等。

十八、规模控制措施，系指尽可能地减少用于试验的转基因生物及其产物的数量或减小试验区的面积，以降低转基因生物及其产物广泛扩散的可能性，在出现预想不到的后果时，能比较彻底地将转基因生物及其产物消除。

第四十六条　本办法由农业部负责解释。

第四十七条　本办法自 2002 年 3 月 20 日起施行。1996 年 7 月 10 日农业部发布的第 7 号令《农业生物基因工程安全管理实施办法》同时废止。

农业转基因生物安全评价管理程序

（2002年1月5日农业部发布）

农业转基因生物安全评价管理分为实验研究、中间试验、环境释放、生产性试验和申请领取安全证书五个阶段。其中，安全等级为Ⅲ、Ⅳ的实验研究和所有安全等级的中间试验实行报告制管理；环境释放、生产性试验和申请领取安全证书阶段实行审批制管理。

农业转基因生物安全管理办公室每年组织两次农业转基因生物安全评审。第一次受理申请的截止日期为每年的3月31日，第二次受理申请的截止日期为每年的9月30日。农业转基因生物安全管理办公室自收到申请之日起两个月内，做出受理或者不予受理的答复；在受理截止日期后三个月内农业部做出批复。

一、报告制管理程序

（一）拟从事安全等级为Ⅲ、Ⅳ级的实验研究和所有安全等级的中间试验的单位，应填写农业转基因生物安全评价报告书，并准备相应的技术资料。

（二）报告单位的农业转基因生物安全小组对本单位农业转基因生物安全评价报告书及技术资料进行技术审核，填写审核意见后，由报告单位报农业转基因生物安全管理办公室。

（三）农业转基因生物安全管理办公室进行初步审查、备案并向国家农业转基因生物安全委员会（简称安委会）报告、咨询，书面反馈意见。

（四）报告单位的农业转基因生物安全小组，每年 12 月 31 日前要向农业转基因生物安全管理办公室报告安全管理的执行情况。

二、审批管理程序

（一）拟申请环境释放、生产性试验和申请领取安全证书的单位，须填写农业转基因生物安全评价申报书，并准备相应的技术资料。

（二）申报单位的农业转基因生物安全小组对本单位农业转基因生物安全评价申报书及技术资料进行技术审查，填写审查意见，报实施所在省（市、自治区）农业行政主管部门审核。

（三）实施所在省（市、自治区）农业行政主管部门，自收到申请后的 15 个工作日内对农业转基因生物安全评价申报书进行登记和审核。主要审查试验地点基本情况是否真实，采取安全控制措施的可能性，并填写审核意见。

（四）申报单位向农业转基因生物安全管理办公室提出申请，农业转基因生物安全管理办公室自收到申请之日起两个月内做出受理或者不予受理的答复。

（五）农业部组织安委会进行安全评价。农业转基因生物安全审批书或安全证书由主管部长签发，抄送批准进行环境释放、生产性试验和安全证书使用的所在省（市、自治区）农业行政主管部门。

（六）申报单位在取得农业转基因生物安全证书后，才能依照有关法律法规的规定，办理转基因植物种子、种畜禽、水产苗种和利用农业转基因生物生产的或者含有农业转基因生物成份的种子、种畜禽、水产种苗、农药、兽药、肥料、添加剂等审定、登记、审批相关手续。

（七）生产、经营转基因植物种子、种畜禽、水产苗种，要分别取得农业部颁发的生产许可证和经营许可证，并定期向所在地县级人民政府农业行政主管部门提供有关生产、经营情况的报告。

农业转基因生物安全
委员会工作规则

农业部办公厅关于印发《农业转基因
生物安全委员会工作规则》的通知

农办科〔2013〕33 号

农业部转基因生物安全委员会委员：

为进一步规范农业转基因生物安全委员会（以下简称"安委会"）评审工作，明确安委会委员的权利和义务，提升安全评价工作的科学性，做好我国转基因生物安全管理工作，依据《农业转基因生物安全管理条例》及相关规定，在广泛征求意见的基础上，对原有的安委会工作规范进行了修改完善，制订了《农业转基因生物安全委员会工作规则》。现予以印发，请遵照执行。

农业部办公厅

2013 年 5 月 17 日

第一条 依据《农业转基因生物安全管理条例》，农业部商部际联席会议成员单位组建农业转基因生物安全委员会（简称安委会），负责农业转基因生物安全评价工作，为转基因生物安全管理提供技术咨询。

第二条 安委会开展农业转基因生物安全评价应当坚持科学、公正的原则。

第三条 安委会设立秘书处，由农业部科技发展中心承担日常工作。

第四条 安委会委员应符合以下条件：

（一）拥护党的路线、方针、政策，具有较强的社会责任感，遵纪守法，作风正派，恪守科学道德；

（二）具有转基因生物技术研究、食品安全、植物保护、环境保护、检验检疫等一项或多项专业背景，熟悉转基因生物安全相关法律法规及知识；

（三）具有副高级及以上技术职称；

（四）身体健康，热心转基因生物安全评价工作，本人自愿且能够保证履行委员各项义务；

（五）具有中华人民共和国国籍。

第五条 安委会委员由有关部门和单位推荐，农业部遴选和聘任，每届任期3年。

第六条 安委会委员的权利：

（一）有参加安委会会议和相关活动的权利；

（二）有获得相关资料和文件的权利；

（三）有表决权；

（四）对安委会工作进行监督，有提出批评意见的权利。

第七条 安委会委员的义务：

（一）遵守国家法律法规和本章程，执行安委会决议；

（二）按时参加安委会会议和活动，保证参会时间，科学、及时、公正、明确地提出意见。委员由于健康等原因不能参加委员会会议的，应事先请假，并说明理由和时限；

（三）承担安委会交办的任务；

（四）保守秘密，不得泄露会议讨论情况；

（五）保护知识产权，严守申请人的技术秘密；

（六）主动宣传转基因生物安全管理的政策法规和相关科学知识；

（七）承担农业部交办的其他相关工作。

第八条 因安全评价工作需要，农业部可增补安委会委员。

第九条 安委会委员存在以下情形之一的，农业部可解除其委员资格，或自动解除委员资格：

（一）因情况变化，不再符合委员条件的；

（二）不能认真履行委员义务的；

（三）未经批准不参加安委会会议；

（四）任期内缺席会议四次以上的，自动解除委员资格；

（五）以安委会委员名义从事相关商业活动或公开发表有悖于安委会决议言论的。

第十条 安委会设立常委会会议、专业组会议和审查小组会议。

第十一条 常委会会议由主任委员主持，也可由主任委员委托的副主任委员主持，主任委员、副主任委员、专业组组长和副组长参加。主要职责是审议农业转基因生物安全评价申请，以及闭会期间农业转基因生物安全重大问题的技术咨询。

第十二条 安委会设植物及植物用微生物和动物及动物用微生物专业组。各专业组设组长1名，副组长2名。专业组会议由专业组组长主持，本专业组成员参加。主要职责是审查本专业领域农业转基因生物安全评价申请。

第十三条 根据需要，专业组可设分子特征、食用安全和环境安全等审查小组。审查小组召集人由专业组组长指定。审查小组会议由召集人主持，本审查小组成员参加。主要职责是对农业转基因生物安全评价申请进行初步评审。

第十四条 安委会会议每年至少召开3次，原则上于每年3

月、7月和11月召开，三分之二以上（含三分之二）委员到会有效。常委会会议根据工作需要召开，必要时可邀请相关委员参加。

第十五条　安委会按照以下程序评审农业转基因生物安全评价申请。

（一）秘书处形式审查；

（二）审查小组评审，提出初审意见；

（三）专业组对审查小组意见进行评审。评审时原则上应当协商一致，四分之三以上（含四分之三）委员同意方为通过；

（四）常委会对专业组评审意见进行审议。

第十六条　根据安全评价工作的需要，可以邀请相关领域的专家参加评审会议，提出咨询意见。

第十七条　安委会委员及其亲属与申报人有利害关系的，应当在讨论该项目时主动回避。专业组组长应将评审中申请回避情况书面报告主任委员。

转基因作物田间试验
安全检查指南

关于印发《转基因作物田间试验
安全检查指南》的通知
农科（基安）函〔2006〕55号

各省，自治区，直辖市农业厅（局，委，办），新疆生产建设兵团农业局，有关科研教学单位：根据《农业转基因生物安全管理条例》实施监督检查的规定，为保障转基因作物田间试验安全，指导研发单位及县级以上地方各级人民政府农业行政主管部门有效开展转基因作物田间试验安全监管，部农业转基因生物安全管理办公室组织专家和部分省区的管理人员，研究制定了《转基因作物田间试验安全检查指南》，现印发你们. 请研发单位严格按照法规及指南的要求，配合管理部门进行自查，各级农业行政主管部门认真进行监督检查，确保田间试验的安全。

二〇〇六年五月十二日

《农业转基因生物安全管理条例》实施以来，转基因作物田间试验数量逐年增加，田间试验安全检查任务日益增大。为指导研发单位及县级以上地方各级人民政府农业行政主管部门有效地开展转基因作物田间试验安全监管，规范检查方法和检查内容，特制定本指南。

本指南包括适用范围、检查依据、检查前的准备、检查方法和内容四部分，以及《转基因作物田间试验安全自查表》、《转基因植物田间试验安全检查工作表》和《转基因植物田间试验检查报告表》。

一、适用范围

本指南适用于对农业部批准实施的转基因作物中间试验、环境释放、生产性试验的监督检查。其他转基因植物的田间检查可参照本指南。

二、检查依据

根据《农业转基因生物安全管理条例》第六章有关对转基因作物试验进行监督检查的规定，农业部批准申请人开展转基因作物中间试验、环境释放、生产性试验的审批书。

三、检查前的准备

（一）确定检查项目和地点

在本行政区域内进行的转基因作物中间试验、环境释放和生产性试验都应进行现场检查。对于危险程度高、试验规模较大的项目和试验点应重点进行检查。

（二）确定检查时间

与申请人或其合作者联系，询问并要求提供拟开展转基因作物田间试验的详细情况及安全控制措施，确定田间检查的时间。检查应在播种期、生长期（异交作物、常异交作物应在开花前）、收获期或试验结束后四个时期内进行。

（三）确定检查人员

各级农业行政主管部门进行田间检查时，可邀请技术依托单位的专家参加。

（四）制定田间检查计划

在确定检查项目、地点、时间、人员后，应当制定详细的田间检查计划，准备相关材料和调查表，对检查人员进行法规培训，并提前通知被检单位做好自查和接受监督检查的准备。

四、检查方法和内容

（一）检查方法

转基因作物田间试验检查采用研发单位自查与主管部门检查相结合的方式进行。研发单位按照《转基因作物田间试验安全自查表》，如实填写田间试验和安全措施落实情况；行政执法人员询问、查阅与试验有关的档案、记录、资料，要求研发单位就有关安全问题作出说明；按照田间试验检查计划到试验现场进行核查，并填写《转基因作物田间试验安全检查工作表》，根据检查情况提出监控措施或建议，上报省级农业行政主管部门。田间检查结果由省汇总，填写《转基因作物田间试验安全检查报告表》上报农业部农业转基因生物安全管理办公室。

（二）检查内容

转基因作物田间试验检查主要在播种期、开花前、收获期或试验结束后4个时期内进行。检查人员除按农业部批准文件逐项核查外，可根据不同生育期，确定检查内容。

1. 播种期。主要检查试验材料的保存地点与方式、出入库交接手续、包装方式、试验地点、试验面积，根据试验方案检查安全控制措施落实情况，剩余试验材料的处置情况等。

2. 开花前。主要检查作物环境安全试验记录，包括试验方案、田间调查记录、试验报告等；隔离措施设置，包括试验边界标志、隔离带、花期去雄、去花、套袋、花期不遇等情况，以及试验范围等。

3. 收获期。主要检查试验材料的收获、保管、处置及植株残留物的灭活处理情况等。

4. 试验结束后。主要检查自生植物的去除措施及残留情况。

（三）需要注意的问题

1. 田间检查主要是检查申请人是否按照农业部批准的要求进行转基因作物田间试验，重点是安全控制措施的实施。对于现场未能检查到的控制措施，要求申请人提供有能力执行的相关证明。

2. 当转基因作物田间试验主要由申请人的合作人进行监控时，询问并确定监控责任人是否能够掌握并落实农业部批准的试验要求，尤其是安全性控制措施的具体内容。

3. 对有异议或可能存在安全隐患的，可由农业部授权的农业转基因生物安全技术检测机构进行检测鉴定。

4. 农业行政主管部门在履行转基因作物田间试验监督检查职责时，有权依据条例的规定采取相关措施，并及时报告农业部农业转基因生物安全管理办公室。

畜禽遗传资源保种场保护区
和基因库管理办法

中华人民共和国农业部令
第64号

《畜禽遗传资源保种场保护区和基因库管理办法》业经2006年5月30日农业部第13次常务会议审议通过，现予公布，自2006年7月1日起施行。

部长　杜青林
二〇〇六年六月五日

第一章　总　则

第一条　为了加强畜禽遗传资源保护与管理，根据《中华人民共和国畜牧法》的有关规定，制定本办法。

第二条　畜禽遗传资源保种场、保护区、基因库的建立或者确定、监督管理，适用本办法。

第三条　农业部负责全国畜禽遗传资源保种场、保护区、基因库的管理，并负责建立或者确定国家级畜禽遗传资源保种场、保护区和基因库。省级人民政府畜牧行政主管部门负责本行政区域内畜禽遗传资源保种场、保护区、基因库的管理，并负责建立或者确定省级畜禽遗传资源保种场、保护区和基因库。

第四条　全国畜牧总站承担国家级畜禽遗传资源保种场、保护区、基因库的具体管理工作。

第二章 基本条件

第五条 国家级畜禽遗传资源保种场应当具备下列条件：

（一）场址在原产地或与原产地自然生态条件一致或相近的区域；

（二）场区布局合理，生产区与办公区、生活区隔离分开。办公区设技术室、资料档案室等。生产区设置饲养繁育场地、兽医室、隔离舍、畜禽无害化处理、粪污排放处理等场所，配备相应的设施设备，防疫条件符合《中华人民共和国动物防疫法》等有关规定；

（三）有与保种规模相适应的畜牧兽医技术人员。主管生产的技术负责人具备大专以上相关专业学历或中级 以上技术职称；直接从事保种工作的技术人员需经专业技术培训，掌握保护畜禽遗传资源的基本知识和技能；

（四）符合种用标准的单品种基础畜禽数量要求：

猪：母猪100头以上，公猪12头以上，三代之内没有血缘关系的家系数不少于6个。

牛、马、驴、骆驼：母畜150头（匹、峰）以上，公畜12头（匹、峰）以上，三代之内没有血缘关系的家系数不少于6个。

羊：母羊250只以上，公羊25只以上，三代之内没有血缘关系的家系数不少于6个。

鸡：母鸡300只以上；公鸡不少于30个家系。

鸭、鹅：母禽200只以上；公禽不少于30个家系。

兔：母兔300只以上，公兔60只以上，三代之内没有血缘关系的家系数不少于6个。

犬：母犬 30 条以上，公犬不少于 10 条。

蜂：60 箱以上。

抢救性保护品种及其他品种的基础畜禽数量要求由国家畜禽遗传资源委员会规定。

（五）有完善的管理制度和健全的饲养、繁育、免疫等技术规程。

第六条 国家级畜禽遗传资源保护区应当具备下列条件：

（一）设在畜禽遗传资源的中心产区，范围界限明确；

（二）保护区内应有 2 个以上保种群，保种群之间的距离不小于 3 公里；蜂种保护区具有自然交尾隔离区，其中，山区隔离区半径距离不小于 12 公里，平原隔离区半径距离不小于 16 公里；

（三）保护区具备一定的群体规模，单品种资源保护数量不少于保种场群体规模的 5 倍，所保护的畜禽品种质量符合品种标准。

第七条 国家级畜禽遗传资源基因库应当具备下列条件：

（一）有固定的场所，所在地及附近地区无重大疫病发生史；

（二）有遗传材料保存库、质量检测室、技术研究室、资料档案室等；有畜禽遗传材料制作、保存、检测、运输等设备；具备防疫、防火、防盗、防震等安全设施；水源、电源、液氮供应充足；

（三）有从事遗传资源保护工作的专职技术人员。专业技术人员比例不低于 70%；从事畜禽遗传材料制作和检测工作的技术人员需经专业技术培训，并取得相应的国家职业资格证书；

（四）保存单品种遗传材料数量和质量要求：

牛羊单品种冷冻精液保存 3000 剂以上，精液质量达到国家有关标准；公畜必须符合其品种标准，级别为特级，系谱清楚，无传染性疾病和遗传疾病，三代之内没有血缘关系的家系数不少于 6 个。

牛羊单品种冷冻胚胎保存 200 枚以上，胚胎质量为 A 级；胚胎供体必须符合其品种标准，系谱清楚，无传染性疾病和遗传疾病；供体公畜为特级，供体母畜为 1 级以上，三代之内没有血缘关系的家系数不少于 6 个。

其他畜禽冷冻精液、冷冻胚胎以及其他遗传材料（组织、细胞、基因物质等）的保存数量和质量根据需要确定。

（五）有相应的保种计划和质量管理、出入库管理、安全管理、消毒防疫、重大突发事件应急预案等制度，以及遗传材料制作、保存和质量检测技术规程；有完整系统的技术档案资料；

（六）活体保种的基因库应当符合保种场条件。

第三章　建立和确定程序

第八条　建立或者确定畜禽遗传资源保种场、保护区和基因库，应当符合全国畜禽遗传资源保护和利用规划以及国家级畜禽遗传资源保护名录的要求。

第九条　从事国家级畜禽遗传资源保护名录内畜禽资源保护工作，符合本办法第二章要求的单位或者个人，可以申报国家级畜禽遗传资源保种场、保护区和基因库。

第十条　申请国家级畜禽遗传资源保种场、保护区、基因库的单位或者个人，应当于每年 3 月底前向省级人民政府畜牧行政主管部门提交下列材料：

（一）申请表；

（二）符合第二章规定条件的说明资料；

（三）系谱、选育记录等有关证明材料；

（四）保种场和活体保种的基因库还应当提交《种畜禽生产经营许可证》复印件。

第十一条 省级人民政府畜牧行政主管部门应当自申请受理之日起20个工作日内完成初审，并将初审意见和相关材料报送农业部。

农业部自收到申请材料后20个工作日内做出决定，经审查符合条件的，确定为畜禽遗传资源保种场、保护区和基因库，并予以公告；不符合条件的，书面通知申请人并说明理由。

农业部或者省级人民政府畜牧行政主管部门必要时可组织现场审验。

第四章 监督管理

第十二条 畜禽遗传资源保种场、保护区、基因库经公告后，任何单位和个人不得擅自变更其名称、地址、性质或者保护内容；确需变更的，应当按原程序重新申请。

第十三条 县级以上畜牧技术推广机构负责畜禽遗传资源保种场、保护区、基因库的技术指导工作。

第十四条 畜禽遗传资源保种场应当严格实施保种规划，开展选种选配工作，确保保种群体的数量和质量，并准确、完整记录畜禽品种的基本信息。

第十五条 畜禽遗传资源保护区周边交通要道、重要地段，应当由所在地县级以上地方人民政府设立保护标志。

第十六条 畜禽遗传资源基因库应当根据保种计划和工作需要，定期采集、补充和更新畜禽遗传材料，并对保存的遗传材料进行备份。

第十七条 享受中央和省级财政资金支持的畜禽遗传资源保种场、保护区和基因库，未经农业部或者省级人民政府畜牧行政主管部门批准，不得擅自处理受保护的畜禽遗传资源。

第十八条 国家级畜禽遗传资源保种场、保护区、基因库应当在每年1月底前将上年度工作报告报送全国畜牧总站。工作报告内容包括：

（一）群体规模数量；

（二）主要性状的变化情况；

（三）保护与选育的主要工作；

（四）财政专项资金使用情况；

（五）存在的主要问题、改进措施和建议。

第十九条 全国畜牧总站负责对国家级畜禽遗传资源保种场、保护区、基因库的保种工作进行检查。发现保种工作中存在重大问题的，应当责令限期整改，并及时向农业部提出处理建议。

第二十条 有下列行为之一的，取消国家级畜禽遗传资源保种场、保护区、基因库资格：

（一）违反本办法第十七条规定，情节严重的；

（二）截留、挤占、挪用专项资金，情节严重的；

（三）擅自变更地址或者保护内容的，或者擅自变更名称、性质等且在规定期限内拒不改正的；

（四）连续两年不提交工作报告的。

第五章　附　则

第二十一条 本办法下列用语的含义：

（一）保种场，是指有固定场所、相应技术人员、设施设备等基本条件，以活体保护为手段，以保护畜禽遗传资源为目的的单位。

（二）保护区，是指国家或地方为保护特定畜禽遗传资源，在其原产地中心产区划定的特定区域。

（三）基因库，是指在固定区域建立的，有相应人员、设施等基础条件，以低温生物学方法或活体保护为手段，保护多个畜禽遗传资源的单位。基因库保种范围包括活体、组织、胚胎、精液、卵、体细胞、基因物质等遗传材料。

第二十二条　省级畜禽遗传资源保种场、保护区、基因库的基本条件、建立或者确定程序和管理，参照本办法执行。

第二十三条　本办法自 2006 年 7 月 1 日起施行。

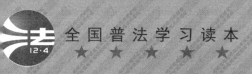

农村经济法律法规读本

农业科技法律法规学习读本

农业科技法律法规

李 勇 主编

汕头大学出版社

图书在版编目（CIP）数据

农业科技法律法规／李勇主编 . -- 汕头：汕头大学出版社（2021 . 7 重印）

（农业科技法律法规学习读本）

ISBN 978-7-5658-3197-3

Ⅰ . ①农… Ⅱ . ①李… Ⅲ . ①农业技术-农业法-中国-学习参考资料 Ⅳ . ①D922.44

中国版本图书馆 CIP 数据核字（2017）第 254829 号

农业科技法律法规　　NONGYE KEJI FALÜ FAGUI

主　　编：李　勇

责任编辑：邹　峰

责任技编：黄东生

封面设计：大华文苑

出版发行：汕头大学出版社

　　　　　广东省汕头市大学路 243 号汕头大学校园内　　邮政编码：515063

电　　话：0754-82904613

印　　刷：三河市南阳印刷有限公司

开　　本：690mm×960mm 1/16

印　　张：18

字　　数：226 千字

版　　次：2017 年 10 月第 1 版

印　　次：2021 年 7 月第 2 次印刷

定　　价：59.60 元（全 2 册）

ISBN 978-7-5658-3197-3

前 言

习近平总书记指出："推进全民守法，必须着力增强全民法治观念。要坚持把全民普法和守法作为依法治国的长期基础性工作，采取有力措施加强法制宣传教育。要坚持法治教育从娃娃抓起，把法治教育纳入国民教育体系和精神文明创建内容，由易到难、循序渐进不断增强青少年的规则意识。要健全公民和组织守法信用记录，完善守法诚信褒奖机制和违法失信行为惩戒机制，形成守法光荣、违法可耻的社会氛围，使遵法守法成为全体人民共同追求和自觉行动。"

中共中央、国务院曾经转发了中央宣传部、司法部关于在公民中开展法治宣传教育的规划，并发出通知，要求各地区各部门结合实际认真贯彻执行。通知指出，全民普法和守法是依法治国的长期基础性工作。深入开展法治宣传教育，是全面建成小康社会和新农村的重要保障。

普法规划指出：各地区各部门要根据实际需要，从不同群体的特点出发，因地制宜开展有特色的法治宣传教育坚持集中法治宣传教育与经常性法治宣传教育相结合，深化法律进机关、进乡村、进社区、进学校、进企业、进单位的"法律六进"主题活动，完善工作标准，建立长效机制。

特别是农业、农村和农民问题，始终是关系党和人民事业发展的全局性和根本性问题。党中央、国务院发布的《关于推进社会主义新农村建设的若干意见》中明确提出要"加强农村法制建设，深入开展农村普法教育，增强农民的法制观念，提高农民依法行使权利和履行义务的自觉性。"多年普法实践证明，普及法律知识，提高法制观念，增强全社会依法办事意识具有重要作用。特别是在广大农村进行普法教育，是提高全民法律素质的需要。

多年来，我国在农村实行的改革开放取得了极大成功，农村发生了翻天覆地的变化，广大农民生活水平大大得到了提高。但是，由于历史和社会等原因，现阶段我国一些地区农民文化素质还不高，不学法、不懂法、不守法现象虽然较原来有所改变，但仍有相当一部分群众的法制观念仍很淡化，不懂、不愿借助法律来保护自身权益，这就极易受到不法的侵害，或极易进行违法犯罪活动，严重阻碍了全面建成小康社会和新农村步伐。

为此，根据党和政府的指示精神以及普法规划，特别是根据广大农村农民的现状，在有关部门和专家的指导下，特别编辑了这套《全国普法学习读本》。主要包括了广大人民群众应知应懂、实际实用的法律法规。为了辅导学习，附录还收入了相应法律法规的条例准则、实施细则、解读解答、案例分析等；同时为了突出法律法规的实际实用特点，兼顾地方性和特殊性，附录还收入了部分某些地方性法律法规以及非法律法规的政策文件、管理制度、应用表格等内容，拓展了本书的知识范围，使法律法规更"接地气"，便于读者学习掌握和实际应用。

在众多法律法规中，我们通过甄别，淘汰了废止的，精选了最新的、权威的和全面的。但有部分法律法规有些条款不适应当下情况了，却没有颁布新的，我们又不能擅自改动，只得保留原有条款，但附录却有相应的补充修改意见或通知等。众多法律法规根据不同内容和受众特点，经过归类组合，优化配套。整套普法读本非常全面系统，具有很强的学习性、实用性和指导性，非常适合用于广大农村和城乡普法学习教育与实践指导。总之，是全国全民普法的良好读本。

目　　录

中华人民共和国农业技术推广法

第一章　总　　则……………………………………（1）

第二章　农业技术推广体系…………………………（3）

第三章　农业技术的推广与应用……………………（5）

第四章　农业技术推广的保障措施…………………（7）

第五章　法律责任……………………………………（8）

第六章　附　　则……………………………………（9）

附　录

　　"十三五"农业科技发展规划……………………（10）

　　国务院关于深化改革加强基层农业技术推广

　　　体系建设的意见…………………………………（45）

　　农业科技推广与服务专项资金管理办法…………（51）

　　农业科技成果转化资金项目管理暂行办法………（54）

　　农业部实施农业科技成果转化资金项目管理暂行规定……（60）

　　农业科技成果转化资金项目监理和验收办法（试行）……（66）

中央财政农业技术推广与
服务补助资金管理办法

第一章　总　　则……………………………………（71）

第二章　补助范围和对象……………………………（72）

第三章　资金分配和拨付……………………………（73）

第四章　资金管理和监督……………………………（73）

第五章　附　　则……………………………………（74）

附　录

　　农业部关于贯彻落实《国务院关于深化改革加强基层

　　　　农业技术推广体系建设的意见》的意见 ……………（76）

　　关于贯彻落实中央一号文件精神加快农村科技

　　　　创新创业的意见 ……………………………………（84）

　　农业技术人员技术职务试行条例 ……………………（89）

　　适用农业科技成果办法（试行）………………………（94）

　　神农中华农业科技奖奖励办法（试行）………………（96）

农业科技开发工作管理办法

第一章　总　　则………………………………………（103）

第二章　农业科技开发工作的管理……………………（104）

第三章　农业科技开发的主要内容和形式……………（104）

第四章　农业科技开发的费用、收入分配和税收……（105）

第五章　附　　则………………………………………（106）

附　录

　　农业部办公厅关于国家农业科技创新与集成示范

　　　　基地建设的意见 …………………………………（107）

　　全国农业科技入户示范工程管理办法（试行）………（113）

　　农业科技入户项目资金管理暂行办法………………（120）

　　农业科技示范场项目实施管理暂行办法……………（123）

　　农业科技跨越计划项目验收办法（暂行）……………（128）

　　农业科学技术保密规定………………………………（131）

中华人民共和国农业技术推广法

中华人民共和国主席令

第六十号

《全国人民代表大会常务委员会关于修改〈中华人民共和国农业技术推广法〉的决定》已由中华人民共和国第十一届全国人民代表大会常务委员会第二十八次会议于2012年8月31日通过，现予公布，自2013年1月1日起施行。

中华人民共和国主席　胡锦涛

2012年8月31日

（1993年7月2日第八届全国人民代表大会常务委员会第二次会议通过；根据2012年8月31日第十一届全国人民代表大会常务委员会第二十八次会议《关于修改〈中华人民共和国农业技术推广法〉的决定》修正）

第一章　总　则

第一条　为了加强农业技术推广工作，促使农业科研成果和实用技术尽快应用于农业生产，增强科技支撑保障能力，促进农业和农村经济可持续发展，实现农业现代化，制定本法。

第二条 本法所称农业技术，是指应用于种植业、林业、畜牧业、渔业的科研成果和实用技术，包括：

（一）良种繁育、栽培、肥料施用和养殖技术；

（二）植物病虫害、动物疫病和其他有害生物防治技术；

（三）农产品收获、加工、包装、贮藏、运输技术；

（四）农业投入品安全使用、农产品质量安全技术；

（五）农田水利、农村供排水、土壤改良与水土保持技术；

（六）农业机械化、农用航空、农业气象和农业信息技术；

（七）农业防灾减灾、农业资源与农业生态安全和农村能源开发利用技术；

（八）其他农业技术。

本法所称农业技术推广，是指通过试验、示范、培训、指导以及咨询服务等，把农业技术普及应用于农业产前、产中、产后全过程的活动。

第三条 国家扶持农业技术推广事业，加快农业技术的普及应用，发展高产、优质、高效、生态、安全农业。

第四条 农业技术推广应当遵循下列原则：

（一）有利于农业、农村经济可持续发展和增加农民收入；

（二）尊重农业劳动者和农业生产经营组织的意愿；

（三）因地制宜，经过试验、示范；

（四）公益性推广与经营性推广分类管理；

（五）兼顾经济效益、社会效益，注重生态效益。

第五条 国家鼓励和支持科技人员开发、推广应用先进的农业技术，鼓励和支持农业劳动者和农业生产经营组织应用先进的农业技术。

国家鼓励运用现代信息技术等先进传播手段，普及农业科学技术知识，创新农业技术推广方式方法，提高推广效率。

第六条　国家鼓励和支持引进国外先进的农业技术，促进农业技术推广的国际合作与交流。

第七条　各级人民政府应当加强对农业技术推广工作的领导，组织有关部门和单位采取措施，提高农业技术推广服务水平，促进农业技术推广事业的发展。

第八条　对在农业技术推广工作中做出贡献的单位和个人，给予奖励。

第九条　国务院农业、林业、水利等部门（以下统称农业技术推广部门）按照各自的职责，负责全国范围内有关的农业技术推广工作。县级以上地方各级人民政府农业技术推广部门在同级人民政府的领导下，按照各自的职责，负责本行政区域内有关的农业技术推广工作。同级人民政府科学技术部门对农业技术推广工作进行指导。同级人民政府其他有关部门按照各自的职责，负责农业技术推广的有关工作。

第二章　农业技术推广体系

第十条　农业技术推广，实行国家农业技术推广机构与农业科研单位、有关学校、农民专业合作社、涉农企业、群众性科技组织、农民技术人员等相结合的推广体系。

国家鼓励和支持供销合作社、其他企业事业单位、社会团体以及社会各界的科技人员，开展农业技术推广服务。

第十一条　各级国家农业技术推广机构属于公共服务机构，履行下列公益性职责：

（一）各级人民政府确定的关键农业技术的引进、试验、示范；

（二）植物病虫害、动物疫病及农业灾害的监测、预报和预防；

（三）农产品生产过程中的检验、检测、监测咨询技术服务；

（四）农业资源、森林资源、农业生态安全和农业投入品使用的监测服务；

（五）水资源管理、防汛抗旱和农田水利建设技术服务；

（六）农业公共信息和农业技术宣传教育、培训服务；

（七）法律、法规规定的其他职责。

第十二条 根据科学合理、集中力量的原则以及县域农业特色、森林资源、水系和水利设施分布等情况，因地制宜设置县、乡镇或者区域国家农业技术推广机构。

乡镇国家农业技术推广机构，可以实行县级人民政府农业技术推广部门管理为主或者乡镇人民政府管理为主、县级人民政府农业技术推广部门业务指导的体制，具体由省、自治区、直辖市人民政府确定。

第十三条 国家农业技术推广机构的人员编制应当根据所服务区域的种养规模、服务范围和工作任务等合理确定，保证公益性职责的履行。

国家农业技术推广机构的岗位设置应当以专业技术岗位为主。乡镇国家农业技术推广机构的岗位应当全部为专业技术岗位，县级国家农业技术推广机构的专业技术岗位不得低于机构岗位总量的百分之八十，其他国家农业技术推广机构的专业技术岗位不得低于机构岗位总量的百分之七十。

第十四条 国家农业技术推广机构的专业技术人员应当具有相应的专业技术水平，符合岗位职责要求。

国家农业技术推广机构聘用的新进专业技术人员，应当具有大专以上有关专业学历，并通过县级以上人民政府有关部门组织的专业技术水平考核。自治县、民族乡和国家确定的连片特困地区，经省、自治区、直辖市人民政府有关部门批准，可以聘用具有中专有关专业学历的人员或者其他具有相应专业技术水平的人员。

国家鼓励和支持高等学校毕业生和科技人员到基层从事农业技术推广工作。各级人民政府应当采取措施，吸引人才，充实和加强基层农业技术推广队伍。

第十五条 国家鼓励和支持村农业技术服务站点和农民技术人

员开展农业技术推广。对农民技术人员协助开展公益性农业技术推广活动，按照规定给予补助。

农民技术人员经考核符合条件的，可以按照有关规定授予相应的技术职称，并发给证书。

国家农业技术推广机构应当加强对村农业技术服务站点和农民技术人员的指导。

村民委员会和村集体经济组织，应当推动、帮助村农业技术服务站点和农民技术人员开展工作。

第十六条 农业科研单位和有关学校应当适应农村经济建设发展的需要，开展农业技术开发和推广工作，加快先进技术在农业生产中的普及应用。

农业科研单位和有关学校应当将其科技人员从事农业技术推广工作的实绩作为工作考核和职称评定的重要内容。

第十七条 国家鼓励农场、林场、牧场、渔场、水利工程管理单位面向社会开展农业技术推广服务。

第十八条 国家鼓励和支持发展农村专业技术协会等群众性科技组织，发挥其在农业技术推广中的作用。

第三章 农业技术的推广与应用

第十九条 重大农业技术的推广应当列入国家和地方相关发展规划、计划，由农业技术推广部门会同科学技术等相关部门按照各自的职责，相互配合，组织实施。

第二十条 农业科研单位和有关学校应当把农业生产中需要解决的技术问题列为研究课题，其科研成果可以通过有关农业技术推广单位进行推广或者直接向农业劳动者和农业生产经营组织推广。

国家引导农业科研单位和有关学校开展公益性农业技术推广服务。

第二十一条 向农业劳动者和农业生产经营组织推广的农业技术，必须在推广地区经过试验证明具有先进性、适用性和安全性。

第二十二条 国家鼓励和支持农业劳动者和农业生产经营组织参与农业技术推广。

农业劳动者和农业生产经营组织在生产中应用先进的农业技术，有关部门和单位应当在技术培训、资金、物资和销售等方面给予扶持。

农业劳动者和农业生产经营组织根据自愿的原则应用农业技术，任何单位或者个人不得强迫。

推广农业技术，应当选择有条件的农户、区域或者工程项目，进行应用示范。

第二十三条 县、乡镇国家农业技术推广机构应当组织农业劳动者学习农业科学技术知识，提高其应用农业技术的能力。

教育、人力资源和社会保障、农业、林业、水利、科学技术等部门应当支持农业科研单位、有关学校开展有关农业技术推广的职业技术教育和技术培训，提高农业技术推广人员和农业劳动者的技术素质。

国家鼓励社会力量开展农业技术培训。

第二十四条 各级国家农业技术推广机构应当认真履行本法第十一条规定的公益性职责，向农业劳动者和农业生产经营组织推广农业技术，实行无偿服务。

国家农业技术推广机构以外的单位及科技人员以技术转让、技术服务、技术承包、技术咨询和技术入股等形式提供农业技术的，可以实行有偿服务，其合法收入和植物新品种、农业技术专利等知识产权受法律保护。进行农业技术转让、技术服务、技术承包、技术咨询和技术入股，当事人各方应当订立合同，约定各自的权利和义务。

第二十五条 国家鼓励和支持农民专业合作社、涉农企业，采取多种形式，为农民应用先进农业技术提供有关的技术服务。

第二十六条　国家鼓励和支持以大宗农产品和优势特色农产品生产为重点的农业示范区建设，发挥示范区对农业技术推广的引领作用，促进农业产业化发展和现代农业建设。

第二十七条　各级人民政府可以采取购买服务等方式，引导社会力量参与公益性农业技术推广服务。

第四章　农业技术推广的保障措施

第二十八条　国家逐步提高对农业技术推广的投入。各级人民政府在财政预算内应当保障用于农业技术推广的资金，并按规定使该资金逐年增长。

各级人民政府通过财政拨款以及从农业发展基金中提取一定比例的资金的渠道，筹集农业技术推广专项资金，用于实施农业技术推广项目。中央财政对重大农业技术推广给予补助。

县、乡镇国家农业技术推广机构的工作经费根据当地服务规模和绩效确定，由各级财政共同承担。

任何单位或者个人不得截留或者挪用用于农业技术推广的资金。

第二十九条　各级人民政府应当采取措施，保障和改善县、乡镇国家农业技术推广机构的专业技术人员的工作条件、生活条件和待遇，并按照国家规定给予补贴，保持国家农业技术推广队伍的稳定。

对在县、乡镇、村从事农业技术推广工作的专业技术人员的职称评定，应当以考核其推广工作的业务技术水平和实绩为主。

第三十条　各级人民政府应当采取措施，保障国家农业技术推广机构获得必需的试验示范场所、办公场所、推广和培训设施设备等工作条件。

地方各级人民政府应当保障国家农业技术推广机构的试验示范场所、生产资料和其他财产不受侵害。

第三十一条　农业技术推广部门和县级以上国家农业技术推广机构，应当有计划地对农业技术推广人员进行技术培训，组织专业进修，使其不断更新知识、提高业务水平。

第三十二条　县级以上农业技术推广部门、乡镇人民政府应当对其管理的国家农业技术推广机构履行公益性职责的情况进行监督、考评。

各级农业技术推广部门和国家农业技术推广机构，应当建立国家农业技术推广机构的专业技术人员工作责任制度和考评制度。

县级人民政府农业技术推广部门管理为主的乡镇国家农业技术推广机构的人员，其业务考核、岗位聘用以及晋升，应当充分听取所服务区域的乡镇人民政府和服务对象的意见。

乡镇人民政府管理为主、县级人民政府农业技术推广部门业务指导的乡镇国家农业技术推广机构的人员，其业务考核、岗位聘用以及晋升，应当充分听取所在地的县级人民政府农业技术推广部门和服务对象的意见。

第三十三条　从事农业技术推广服务的，可以享受国家规定的税收、信贷等方面的优惠。

第五章　法律责任

第三十四条　各级人民政府有关部门及其工作人员未依照本法规定履行职责的，对直接负责的主管人员和其他直接责任人员依法给予处分。

第三十五条　国家农业技术推广机构及其工作人员未依照本法规定履行职责的，由主管机关责令限期改正，通报批评；对直接负责的主管人员和其他直接责任人员依法给予处分。

第三十六条　违反本法规定，向农业劳动者、农业生产经营组织推广未经试验证明具有先进性、适用性或者安全性的农业技术，造成损失的，应当承担赔偿责任。

第三十七条 违反本法规定，强迫农业劳动者、农业生产经营组织应用农业技术，造成损失的，依法承担赔偿责任。

第三十八条 违反本法规定，截留或者挪用用于农业技术推广的资金的，对直接负责的主管人员和其他直接责任人员依法给予处分；构成犯罪的，依法追究刑事责任。

第六章 附 则

第三十九条 本法自公布之日起施行。

附　录

"十三五"农业科技发展规划

农业部关于印发
《"十三五"农业科技发展规划》的通知
农科教发〔2017〕4号

各省、自治区、直辖市及计划单列市农业（农牧、农村经济）、农机、畜牧、兽医、农垦、农产品加工、渔业（水利）厅（局、委、办），新疆生产建设兵团农业局，有关农业大学，各省级农业科学院：

为更好指导"十三五"农业科学技术事业发展，充分发挥科技对加快农业现代化建设、促进农村经济社会发展的重要支撑引领作用，我部组织编制了《"十三五"农业科技发展规划》，现印发你们，请结合本地、本单位实际，认真组织实施。

2017 年 1 月 25 日

为更好指导"十三五"农业科学技术事业发展，充分发挥科技对加快农业现代化建设、促进农村经济社会发展的重要支撑引领作用，根据《中华人民共和国国民经济和社会发展第十三个五年规划纲要》《"十三五"国家科技创新规划》《国家中长期科学和技术发展规划纲要（2006－2020 年）》《国家创新驱动发展战略纲要》

《全国农业现代化规划（2016-2020年）》，编制本规划。

一、形势与需求

"十二五"期间，我国现代农业建设加快推进，粮食生产和农民收入持续增长，主要农作物良种基本实现全覆盖，主要农作物耕种收综合机械化水平达到63.8%，农业科技进步贡献率达到56%，农业科技为保障国家粮食安全、促进农民增收和农业可持续发展作出了重要贡献。农业科技成就举世瞩目，整体研发水平在发展中国家居领先地位。基础与前沿技术研究跨越发展，水稻功能基因组学等基础研究以及超级稻、转植酸酶玉米、禽流感疫苗等重大技术研究处于世界领先水平。开发与应用研究长足进步，培育了大批优良农业品种，集成推广一批高效、节能、绿色等配套生产技术，产业支撑能力显著增强。

新一轮科技革命和产业变革蓄势待发，技术进步对提高土地产出率、劳动生产率和资源利用率的驱动作用更加直接，正在引领现代农业发展方式发生深刻变革。以基因组学等为核心的现代农业生物技术尤其是生物育种技术快速发展，带动农业产业新的绿色革命；大数据、云计算和互联网技术，催生智慧农业和智能装备产业异军突起；农业可持续发展日益成为全球共识和焦点，资源环境及新能源、新材料技术应用加速低碳循环农业发展；食品安全问题备受关注，农产品营养品质技术迅猛发展，引领天然、营养和健康的食品消费趋势；合成生物技术等领域可能产生颠覆性技术，将根本改变农业生产、生活和产业组织形式，带动农业产业格局重大调整和革命性突破。

当前，我国经济发展进入新常态，农业发展内外部环境正发生深刻变化。推动农业供给侧结构性改革，破解农产品供需结构性矛盾、提高农业比较效益、缓解资源环境压力、应对国际竞争，特别是调优产品结构、调精品质结构、调高产业结构，对农业科技在节本、高效、智能、绿色等方面提出了更高的要求。农业现代化建设已经到了加快转变发展方式的新阶段，必须更加依靠科技打造发展新引擎，实现创新驱动、内生增长，促进农业质量效益和竞争力不断提升。"十三五"时期，必须立足国情农情、把握国际趋势，抓住国家实施创新驱动发展战略和推进"大众创业、万众创新"的重大机遇，坚持服务农业现代化发展的根本方向，强化公益性定位、创新体制机制，不断开创农业科技发展新局面。

二、思路与目标

（一）战略目标和发展远景

中共中央、国务院印发的《国家创新驱动发展战略纲要》，明确了 2050 年之前我国创新驱动发展"三步走"的战略目标。与国家创新驱动发展"三步走"战略目标相呼应，我国农业科技发展"三步走"的战略目标是：到 2020 年，农业科技创新整体实力进入世界先进行列，中国特色的农业科技创新体系得到优化，有力支撑我国农业供给侧结构性改革，促进农产品市场竞争力提升；到 2030 年，农业科技创新整体实力进入世界前列，部分关键领域居世界领先水平，若干领域引领全球农业科技发展，全面支撑我国农业现代化建设；到 2050 年，建成世界农业科技创新强国，引领世界农业科技发展潮流，对全球农业科学发展做出重大原创性贡献，为中国成为世界农业强国提供强大支撑。

"十三五"乃至更长一段时期，坚持绿色发展理念，围绕解决农产品生产效率、质量安全以及环境可持续发展等问题，推动生物技术、信息技术、材料技术等在良种培育、高效生产、食品安全、资源化利用和装备制造等领域广泛应用，逐步实现农业发展由依靠资源要素投入向依靠科技进步的转变，科技进步贡献率逐步提升。

（二）"十三五"农业科技发展总体思路

全面贯彻党的十八大和十八届三中、四中、五中、六中全会和全国科技创新大会精神，深入贯彻习近平总书记系列重要讲话精神，牢固树立创新、协调、绿色、开放、共享的发展理念，深入实施创新驱动发展战略和藏粮于地、藏粮于技战略，以推进农业供给侧结构性改革为主线，以保障国家粮食安全、重要农产品有效供给和增加农民收入为主要任务，以提升质量效益和竞争力为中心，以节本增效、优质安全、绿色发展为重点，加快调整科技创新方向、优化科技资源布局、拓展科技创新领域、壮大农业科技力量、深化科技体制改革，不断提升农业科技自主创新能力、协同创新水平和转化应用速度，为现代农业发展提供强有力的科技支撑。

加快农业科技进步，必须始终把握三个基本要求。

一是坚持产业需求和问题导向。把满足现代农业发展重大需求、解决关键问题作为农业科技工作的立足点和出发点，贯穿到资源配置、科技评价等各方面，促进农业科技与生产紧密结合，增强科技对农业产业发展的贡献度。

二是遵循农业科技发展规律。准确把握农业科技的公共性、基础性、社会性以及长期性、系统性、区域性特征，强化政府主导作用，充分运用市场机制，推动农业科技工作沿着正确的轨道更好更快发展。

三是依靠自主创新驱动农业发展。把增强自主创新能力作为战略基点，强化原始创新，努力创造具有自主知识产权的核心技术，不断抢占竞争制高点，牢牢把发展主动权掌握在自己手里。

把握"十三五"的时代特征和现实要求，推进农业科技跨越发展，需要做好"调整、优化、拓展、壮大、改革"五方面工作。

一是调整科技创新方向。加快调整农业科技创新方向和重点，实现从注重数量为主，向数量质量效益并重转变；从注重粮食生产为主，向粮经饲统筹和大农业转变；从注重农业种养为主，向种养加、资源环境等全过程全要素转变。

二是优化科技资源布局。加速构建适应和引领转变农业发展方式的科技资源配置体系，促进粮经饲和农牧渔等各产业、种养加以及资源环境等各环节科技资源的合理配置、协调发展；强化农业科技基础性工作、基础研究和集成应用，着力完善农业科创新链；推进产学研结合，全力打造协同创新联合体；加强农业科技国际合作，加快融入全球创新网络，不断增强全球配置农业科技资源的能力。

三是拓展科技创新领域。加快现代科学技术在农业领域的应用，发展引领产业变革的重大突破性技术，扶持建设新兴交叉学科，培育新产业；加强盐碱地等非耕地的可持续利用研究，大力促进草牧业技术开发，广辟食物、饲料新资源，拓宽农业发展空间；强化配套技术研发，挖掘农业在休闲观光、文化传承、宜居生态等方面的潜力，拓展农业功能，促进生产生活生态协调发展。

四是壮大农业科技力量。优化人才结构，加强领军人才培养和创新团队建设。加大政策扶持力度，增强企业技术创新能力。强化基层农技推广体系建设，大力扶持社会化服务组织，壮大农技推广队伍。健全以职业农民为主体的农村实用人才培养机制，大力推进新型职业农民培育。鼓励社会力量参与农业科技创新，形成万众创新的局面。

五是深化科技体制改革。建立分工明确的农业科技体系，强化联合攻关，构建高效的协同创新机制。完善科技评价、成果权益分配、绩效管理等机制，充分激发科技人员的积极性。吸引社会力量、聚集多方资源，加快农业技术成果转移转化。推进农业科技法制建设，积极争取农业科技投入，不断营造良好氛围。

（三）"十三五"农业科技发展目标

到"十三五"末，我国农业科技创新活力进一步释放，创新效率进一步提高，科技对农业产业贡献度进一步提升；农业科技投入、人才培养、条件建设、国际合作等工作取得显著成效；适应产出高效、产品安全、资源节约、环境友好农业发展要求的科学技术体系逐步完善，科技成果有效供给显著增强，农业技术集成化、劳动过程机械化、生产经营信息化水平大幅提升，力争在战略必争的农业基础科学和前沿技术领域实现率先跨越，在受制于人的现代农业核心关键技术领域实现技术跨越，在区域现代农业发展技术领域实现集成跨越。具体发展目标为：

——科技创新能力大幅提升。农业科技创新基础条件不断改善，在现代种业、农机装备、农业信息化、农业资源环境等领域，获得一批原创性科技成果和关键技术产品，农业科技的支撑引领能力显著增强。

表1 "十三五"期间主要农业领域关键突破技术和核心指标任务

序号	领域	关键突破	核心指标
1	现代种业	①农业种质资源表现型与基因型规模化精准鉴定技术；②优质、高效、抗逆、专用以及适宜机械化和轻简化作业的重大品种；③品种优质化繁育与分级加工技术。	①主要农作物良种覆盖率稳定在97%以上，主要畜禽水产和设施蔬菜良种自给率显著提高，主要畜种核心种源自给率达到65%以上，主要国家级保护品种有效保护率达到95%；②良种在粮食增产中的贡献率达到50%以上，在畜禽水产养殖中的贡献率达到30%以上；③全程机械化作物品种推广面积占总播种面积30%以上；④农作物种质资源保存总量达到55万份。
2	农业机械化	①粮食作物与主要经济作物机械化生产关键技术；②设施园艺与福利设施养殖工程技术；③农机核心功能部件及系统，与农艺相融合的农机设计及制造技术，主要粮食、经济作物和畜禽水产智能化农机装备；④农业机械化标准配置技术。	①主要粮食作物机械化技术水平显著提高；②主要经济作物机械化技术瓶颈取得重大突破；③畜禽水产设施设备基本满足健康养殖要求。

序号	领域	关键突破	核心指标
3	农业信息化	①现代智能农业机械装备核心部件及软件系统；②农业信息资源开发、大数据挖掘、知识服务关键技术及产品；③农业互联网、物联网和移动互联网融合技术、部件及网络服务平台。	①农业生产、经营、管理和服务信息化整体水平显著提升；②建立农业信息化数据标准和技术标准体系；③农业物联网国产处理器芯片与传感器核心部件市场占有率达到30%以上。
4	农业资源高效利用	①耕地质量提升与障碍因子修复关键技术；②种养业节水节料技术；③肥料减施增效理论与技术；④农业废弃物循环利用技术；⑤草地、海洋、滩涂等资源保护与开发技术。	①耕地质量提升0.5个等级以上；②农田有效灌溉率达到55%、灌溉水有效利用系数达到0.55以上；③主要农作物化肥利用率提高到40%以上，养殖废弃物资源化利用率达75%以上，农作物秸秆综合利用率达85%以上；④草地生态系统生产功能和生态服务关系更加协调；⑤海洋、滩涂水域生产能力提升15%以上。
5	农业生态环境	①污染农田生态修复与安全生产技术；②面源污染控制技术；③草原生态保护技术；④美丽乡村环境综合治理技术；⑤生物多样性保护与利用技术。	①中重度污染耕地面积占比持续下降，轻度污染农田农产品达标生产，中度污染农田农产品合格率达到85%以上；②农业面源污染氮、磷排放分别减少30%以上；③农业农村水源水质达标率显著提高，农村生活垃圾、生活污水处理率达到70%以上；④全国草原植被盖度达56%。

续表

序号	领域	关键突破	核心指标
6	农作物耕作栽培管理	①种植制度与结构优化模式；②作物可持续高产高效耕作栽培理论；③集约化、精准化、轻简化生产管理技术；④区域提质增效规模化生产技术。	①作物生产投入产出比降低10%；②作物生产自然资源效率提高10%以上；③耕作栽培技术在提质增效中的贡献率达到40%以上。
7	畜禽水产养殖	①畜禽水产营养调控理论；②规模化健康养殖技术；③新型饲料与制备技术；④养殖智能化管理技术。	①畜禽饲料转化率、水产养殖精准投喂水平分别提升10%以上；②畜禽养殖环境控制与机械化水平提升20%以上，水产养殖机械化水平提升25%以上；③养殖环节用药减少20%以上。
8	农作物灾害防控	①重大灾害发生规律、成灾机理和监测、预警理论及技术；②农作物病虫草鼠害绿色防控技术、以生态区为基础的综合防控技术；③农药减施增效新型生物农药及植保机械；④适应气候变化与结构调整的植保技术。	①重大病虫害长、中、短期预报准确率分别达到75%、85%和95%以上；②有害生物绿色防控率达到40%以上；③农药利用率提高到40%以上；④主要农作物病虫草害损失率稳定控制在5%以下。
9	动物疫病防控	①重大疫病致病与免疫机理；②病原监测与疫情预警技术；③快速诊断、综合防控和净化技术；④新型疫苗与兽药。	①生猪、家禽、牛、羊发病率分别下降到5%、6%、4%、3%以下，动物发病率、死亡率和公共卫生风险显著降低；②水产养殖主要病害发生率降低20%以上；③示范种畜禽场重点疫病达到净化标准。

序号	领域	关键突破	核心指标
10	农产品加工	①农产品产地初加工、精深加工与综合利用关键技术与装备；②绿色储运关键技术与装备；③传统食品工业化关键技术与装备；④全产业链质量安全与品质控制技术。	①主要农产品加工率达到68%；②单位产值能耗较"十二五"末降低10% - 15%，副产物综合利用水平明显提高。
11	农产品质量安全	①农产品中主要危害因子筛查识别、来源归趋、环境行为、毒理毒性、消长代谢规律和防控机理；②农产品质量安全与品质形成规律探索，全产业链质量安全管控技术；③标准物质、标准品、标准样品、数据模型及监测预警体系；④品质与营养功能成分识别评价鉴定技术。	①农产品质量安全要素基本实现全程跟踪和溯源；②农产品质量安全检测合格率稳定在97%以上，品质形成基本规律和品质提升关键技术基本构建，主要食用农产品营养功能评价体系基本建立，营养功能组分基本摸清；③农产品生态环境污染因子监控指标实现全覆盖，污染物限量标准形成体系。

——人才队伍建设水平显著提升。人才管理和培养、评价、流动、激励、引进、使用的体制机制不断完善，人才结构进一步优化；培养100个以上具有国际竞争力的农业科研团队和1000个左右的骨干创新团队，形成1万名基层农技推广骨干队伍，培养一批经济实力强的家庭农场、专业大户、农民合作社、农业产业化龙头企业等新型农业经营主体，培育1000万新型职业农民、农村实用人才和农业技能人才。

——科技基础条件明显改善。200个重点学科实验室、200个农业科学实验站和200个农业科学试验基地的设施设备条件进一步改善，建设一批区域性现代农业产业科技创新中心，农业科技创新能力条件建设整体水平显著提高。

——国际科技合作更加深入。农业科技"引进来走出去"步伐明显加快，国际合作网络拓展完善；建成一批海外技术转移、示范服务基地，与"一带一路"沿线国家农业国际科技合作不断增强。

——科技体制机制日益完善。适应国家科技计划（专项、基金等）管理改革的农业科技项目管理体制机制逐步建立；农业科技稳定支持与适度竞争的投入机制进一步健全；协同创新机制、分类评价机制、激励机制等不断健全，农业科技创新创业环境持续优化。

三、农业科技创新

（一）重点领域

1. 现代种业

基础性工作：开展动植物种质资源和近缘野生植物资源收集评价和创新利用；构建重要优异种质资源基因库、保种场、保护区；建立重要性状的基因组及蛋白质组等数据库，构建品种分子设计信息系统。

基础研究：开展优质、抗逆等重要性状形成的功能基因组学研究，阐明种质资源的结构多样性，剖析遗传与环境互作效应在性状形成过程中的作用机制，杂种优势形成的遗传机理及分子调控机制。

技术开发：建立主要农业种质资源重要性状精准鉴定与基因型鉴定的技术体系；创新杂种优势利用、染色体工程和细胞工程等育种方法；构建转基因技术、全基因组选择、基因组编辑等新兴的技术方法与常规技术组装集成的高效精准分子育种技术体系；研究基于细胞工程和胚胎工程的现代繁殖技术；加快适宜机械化作业、资源高效利用的绿色新品种选育，培育高产、高效、优质等突破性农业新品种；开展主要动植物高效繁制种技术、品种资源分子标记检测技术研究，植物品种特异性、一致性和稳定性测试。

2. 农业机械化

基础性工作：开展不同机械耕作方式对土壤理化性状、环境、作物产量的影响，机械化生产过程各个环节中机器配备参数、机器作业性能参数、机器工况参数等调查，构建相关数据库。跟踪国际变化，加强行业技术标准体系建设。

基础研究：研究高效作业下装备设施-植（动）物-土壤（环境）-水肥种药等系统互作规律，研究不同地区、不同作物耕作方法、种植方法、收获方法，种养结合家庭农场机械优化匹配方法、设计参数等，加强农机装备关键部件和整机性能检测平台研究，加强农业装备设施基础数据采集及作业技术参数研究。

技术开发：突破保护性耕作、水稻种植、水肥药一体化、玉米籽粒直收、橡胶收割、棉花采摘、甘蔗收割、马铃薯种植与收获、牧草收获与加工、秸秆综合利用、畜禽水产高效养殖等机械化瓶颈技术；突破无级变速、智能化精准作业和动植物对象识别与监控系统等为代表的关键零部件效能提升和可靠性技术；创制新型高效拖拉机及其配套农机具、经济高效智能化割胶设备等机械化栽种装备、精量水肥药施用机械、植保无人机等高效植保机械、高效自走式联合收获机械、畜禽粪便和秸秆等农业废弃物资源化利用装备、田间育种与种子加工成套设备等装备，以及畜禽水产高效养殖装备与设施、饲料散装运输、储存和自动饲喂装备；探索北斗卫星精准定位、自动导航等在农机装备上应用。强化农机农艺融合研究，建立适合不同地域的农业装备系统和机械化、标准化生产技术规范。

3. 农业信息化

基础性工作：开展全国农业信息化基础设施、系统、终端等支撑条件调查以及农业信息服务供需情况调查；农业社会、经济、科技、人文等信息、情报、标准的收集、整理和创新利用；农业生产环境及动植物本体感知数据的采集、积累及挖掘；建设开放性实验室、大规模在线教育平台等农业信息化人才培养支撑平台；开展区域性、专业性涉农信息资源建设，建立涉农信息综合服务平台、农业大数据平台和电子商务平台，强化农业信息的服务功能。

基础研究：开展多维度农业信息获取与分析的理论方法研究；互联网、物联网等多网空间农业信息智慧搜索理论方法研究；动植物表型的数字化表达及数学建模方法研究；研究多源农业数据互作规律及其作用机理，并建立基于数据融合的农业全过程决策支持方法体系；农业大数据整理、甄别、校正、挖掘相关的算法及模型研究；农业信息化水平研究，建立农业信息化评价评估标准体系；网络空间环境下农业信息安全隐私保护策略及方法研究，构建农业信息化安全保密防护体系。

技术开发：开展农业信息获取、存储、传输、处理及发布利用的核心技术研究及设备研制；农业生产环境和动植物生理感知关键技术研究，研发农业物联网核心处理器芯片；农业信息云存储、云处理、云服务关键技术研究，建立农业信息化云计算标准体系；农业大数据应用关键技术研究；农业信息可视化技术研究；面向农业信息化的多元目标群体，开展低成本体验式农业信息服务关键技术研究及移动便携式设备研发；开展农业物联网设施设备检测装备研发。

4. 农业资源高效利用

基础性工作：开展农业灌溉用水、地表水和地下水资源调查，建立主要农作物、畜产品生产的水足迹清单；开展耕地质量调查监测与评价和耕地土壤养分丰缺指标研究，建设耕地质量大数据平台，探索建立耕地资源永续利用技术体系；开展区域水土质量、草地资源、海洋滩涂以及农业生物等重要资源的存量与开发利用现状的调查，构建我国农业资源与利用的网格化、信息化的基础数据库。

基础研究：开展作物理想耗水与调控机理、农业水转化驱动与效率提升机制、降水资源周年调控与高效利用机制、农业水资源配置理论与农业节水增效基础研究；农田不同水分条件下水肥耦合机理研究、农田土壤墒情快速自动监测方法研究；分区域确定耕层质量评价指标体系，开展中低产田障碍因子诊断识别及其对作物的影响机理、耕地质量保护与提升等研究；草原生态过程与生态恢复、牧草遗传工程与技术研究，近海重要渔业资源养护与生境修复研究。

技术开发：重点研发作物节水生理调控技术、增蓄降耗高效农艺节水技术、新型集雨设施设备及高效利用技术、水肥一体化技术与关键设备、测墒灌溉技术及设备、抗旱抗逆技术及产品、节水绿色环保制剂技术与产品、分区域规模化高效节水灌溉以及输配水技术与产品及农业水管理决策技术等；研发水溶肥、液体肥、生物肥、高效缓（控）释肥、同步营养肥等新型肥料和以低品位磷矿、难溶性钾矿为原料的土壤调理剂，创新地力提升、耕层增厚、养分平衡等土壤理化性状调控关键技术，以及水肥协同、合理轮作、有机培肥、残茬管理、多元养分协同等农田养分均衡调控技术；研发有机肥、粪肥、沼肥高效利用技术与关键设备，实施农田养分综合管理；提升放牧家畜营养改进、草原健康与人工草地建设、草原恢复生态与放牧利用技术，农牧区资源共济动植物高效生产技术；研发淡水池塘、大水面和盐碱水域，滩涂、近海、外海、远洋与极地生物高效生态健康生产技术，渔业生物资源高值化利用技术。

5. 农业生态环境

基础性工作：开展农业生态环境质量本底调查；开展我国农业主产区农田和草原生态环境长期定位试验，建立农业生态环境动态实时监测网络体系，构建农业生态环境大数据库与信息化平台；开展农业和草原生物多样性资源普查，加强外来入侵物种监测；健全全国农业环境监测体系。

基础研究：研究作物复合种植下作物互补与竞争的生理生态机制、农田系统多样性与多功能原理与机制，开展主要农业污染物迁移的界面过程与负荷估算方法、生态循环农业机理及关键参数研究，农业景观生态安全格局、外来物种入侵防控与风险评估、农业温室气体及氮排放参数与减排机理、农田生态系统生态价值评估与生态补偿、草原生态系统评估与生态补偿等研究。

技术开发：研发无农药农产品生产关键技术，生物多样性利用技术，生态高效农作制度创新技术，农作物秸秆高效资源化利用技术，高效、低毒、低残留农药、生物农药和先进施药机械化技术，废旧地膜机械化捡拾和回收利用以及可降解地膜技术，畜禽粪便与病死畜禽收集处理与利用的机械化、减量化、无害化、资源化处理技术，设施生态农业模式构建与系统智能控制技术，农业清洁流域（农田、养殖场）重构技术，农村环境综合整治和农田生态景观构建技术、草原生态系统恢复与重建技术。

6. 农作物耕作栽培管理

基础性工作：建设粮食主产区气候、土壤、灌溉等资源要素与作物生产时空变化数据库，开展基于资源高效利用的作物种植结构调整与布局优化；全面调查不同区域主要作物的产量差和效率差，提出相应技术途径，建立适应不同区域主要作物栽培管理技术大数据库和服务平台体系；开展粮食主产区可持续稳产及均衡增产农田系统规划建设。

基础研究：研究农作物产量与效率层次差异及其丰产增效机理与调控途径，气候变化背景下作物产量、品质形成规律及与环境要素响应机制及其环境代价，作物基因型-环境-栽培管理以及个体-群体-农田生态系统的综合协调机制与调控机理，作物光、热等资源要素高效协同管理机制，作物抗逆的群体调控原理与途径及栽培调控技术。

技术开发：开展主要农作物优质高产品种配套栽培技术，农作物光、热、水、养分等资源优化配置与绿色高产高效种植模式、"间套作"与"轮作休耕"等养地型生态种植模式与技术、粮饲兼顾型种植模式与耕作技术，农作物生长监测与精确栽培技术，主产区土壤培肥与耕作技术，农作物灾变过程及其减损增效调控技术，周年均衡增产技术，节本环保丰产技术等研究及相应产品研制，加快适应机械化、信息化生产管理的高产、高效、可持续的作物耕作栽培技术体系构建。突破植物工厂资源高效利用关键技术，研发基于 LED 与光配方的光温耦合节能环境控制、基于物联网的智能化管控等技术装备。

7. 畜禽水产养殖

基础性工作：建立基于畜禽水产养殖大数据的云存储平台，研制基于畜禽水产养殖规模兽药、饲料原料营养效价与安全性、饲料利用效率、养殖废弃物排放等基础性数据监测及技术标准、清洁生产技术标准并建立相应数据库，形成现代畜禽水产健康养殖智能管理以及养分和粪便等综合管理方法，构建"物联网+养殖"技术与管理平台。

基础研究：研究畜禽水产健康环境、健康水平的指标体系与评价方法，研究畜禽水产-健康环境-设施装备互作机理，研究不同生产模式下畜禽水产环境适应性及其与健康和行为表达的基本规律，解析其表征与精准调控的基本原理以及多尺度、多元逆境调控技术方法。

技术开发：研发畜禽与水产健康养殖模式、新型加工工艺及其成套养殖装备，开发高效局部环境精准调控、空气（水体）质量调控与污染物减排、高效安全环保饲料和饲料添加剂、兽药质量安全监管、场区环境净化、工程防疫、生理与环境信息智能采集、产品质量安全与追溯、病死畜禽水产无害化处理、粪便减量化、无害化、资源化利用等关键技术、工程装备及其智能化产品，建立畜禽养殖废弃物高效养分综合管理技术体系。

8. 农作物灾害防控

基础性工作：建立农业气象灾害和有害生物灾害立体实时监测体系平台、动态预警和精准灾损评估平台，研发构建农业气象灾害综合防御与灾后补救以及主要农作物病虫害综合治理技术体系与技术服务平台，建立重大植物疫情拦截防控技术体系与技术服务平台，建立危险性入侵物种与潜在入侵物种可持续综合防御与控制体系。

基础研究：开展农作物灾害监测预警与防控理论、方法研究，有害生物发生成灾规律、重要致害因子及其介导的致害分子机制研究，综合防控有害生物的作用机理研究，作物隐性气象灾害发生规律和危害特征研究，全球气候变化背景下我国主要作物和农作制度的响应规律以及病虫害变化和发生规律研究。

技术开发：开展农业有害生物和气象灾害的监测预警网络和系统的核心技术及其设备，主要农作物病虫草鼠疫情防控关键技术与集成，危险性入侵物种与潜在入侵物种可持续综合防御与控制的关键技术，除病虫草剂减量使用技术、病虫害抗药性综合治理技术及新型农药、绿色防控生物农药，草原防灾减灾技术，气候变化带来的突发自然灾害的预警与应对技术，气候变化对主要病虫害发生与流行规律的影响及配套防治技术等研究。

9. 动物疫病防控

基础性工作：完善动物标识及动物产品可追溯系统、兽药产品追溯系统，增大覆盖范围，建立国家级毒种、菌种、标准血清、细菌耐药谱、重要疫病数据库和共享平台，研发基于互联网的疫病诊断辅助系统以及疫病防控知识培训、兽医公共安全平台。

基础研究：加强动物疫病监测与流行病学调查、疫病传播途径、传播规律研究，重大动物疫病的病原学与病原生态学、病原变异与毒力改变机制、病原持续性感染机制、病原与宿主的协同演化及防控机制、共感染的致病与免疫机制以及病原功能基因组学与蛋白质组学等基础研究，新型高效广谱的抗病毒或抗菌药物及方法并研究其作用机制，重要动物病原生物耐药性形成机制与控制方法。

技术开发：加强禽流感、口蹄疫重大动物疫病新毒株和变异毒株的常规疫苗、基因工程新型疫苗、兽药以及快速、轻简化、高通量诊断与监测试剂的研发及标准化应用；生物安全措施、诊断监测、免疫防控、区域净化等多技术集成；研发动物用抗菌药替代技术和产品以及中兽药制剂和精准用药技术；加强外来疫病的诊断、疫苗及监测技术研究，加强兽药检验技术研究；开展基于转基因和遗传育种技术的小型化替代实验动物的选育与开发，以及探寻其在病原致病性研究、疫苗开发及免疫效果评价中的应用。加强水产养殖用疫苗及禁用药物替代品研发及标准化应用。

10. 农产品加工

基础性工作：构建主要农产品原料理化特性、营养特性、贮藏及加工特性、功能特性、加工过程危害物等基础数据库；建立农产品及其加工品技术标准数据库，构建农产品加工标准体系；建立基于互联网的农产品加工技术服务平台。

基础研究：开展农产品贮运和加工过程中营养品质变化研究、营养组分相互作用机理研究；开展大宗农产品营养组分相互作用及加工过程中营养品质变化研究；开展加工新技术对安全、营养等品质影响研究；开展农产品生物制造前沿技术基础研究。

技术开发：开展大宗农产品保鲜、贮藏和运输工程化技术研发；开展新型非热加工、绿色节能干燥、高效分离提取、长效减菌包装和清洁生产技术升级与集成应用；开展传统食品工业化关键技术研究；开发功能性及特殊人群膳食相关产品；开展信息化、智能化、工程化农产品精深加工装备研制；开展酶工程、细胞工程、发酵工程及蛋白质工程等生物制造工程化技术研究与装备研制。

11. 农产品质量安全

基础性工作：开展农产品和农业投入品质量安全标准、检测、认证、评估科学数据收集、分析和数据库构建；开展农产品产地环境和农产品中重金属、农兽药及助剂、生物毒素、病原微生物和环境污染物以及潜在危害因子的来源、分布、污染、迁移、传播、转化等调查分析；构建国家农产品品质规格、营养功能等监控评估数据信息网络技术平台及数据库，建立农产品质量安全应急处置、风险预警机制及技术体系。

基础研究：研究农产品全产业链中重金属、农兽药及助剂、病原微生物、生物毒素、外源添加物及环境污染物等危害因子的来源归趋、环境行为、毒理毒性、发生消长变化以及代谢规律和污染控制机理；探索不同生产方式、不同品种、不同产地、不同生长发育期农产品质量安全与品质形成规律，探究集约种养条件下关键危害因子、环境污染、农产品贮运加工与农产品质量安全之间的关系和影响因素；开展农产品产地环境污染物对农产品质量安全影响评价机制研究与农产品安全性评估，提出降解阻抗管理的技术性规范；

探索农产品贮运环节质量安全因子代谢变化规律与品质保持机理，探索农产品防腐保鲜添加剂对农产品品质和安全性的影响，探究典型病原微生物污染、持久性有害物质在农产品中的形成规律及控制技术。

技术开发：建立基于不同农产品产地环境安全与生产管控的评价技术标准体系；开展农兽药残留、生物毒素及环境污染物风险评估与残留限量标准研制；建立农产品分等分级、品质规格和营养功能评价标准及技术体系；研发绿色、高效、低毒、低残留新型农业投入品和农产品防腐保鲜添加剂及相应的安全合理使用技术；研究制定农产品生产全程危害分析与关键控制点技术及规范；研发农产品质量和品质及营养功能成分识别评价鉴定技术；研发农产品质量安全快速、精准检验监测评估技术及设施设备；研制农产品质量安全风险评估与营养功能评价用标准物质、标准品、标准样品、核心试剂及数据模型等；建立农产品质量安全监测评估预警技术体系。

（二）重大任务需求

1. 区域农业综合解决方案。针对不同区域农业发展的突出问题，实施东北粮仓绿色增效、东北玉米秸秆综合利用、华北麦区控水提效、南方重金属污染防控、西北粮经饲结合、长江中下游地区稻田绿色增效等跨学科、跨领域重大科技任务，突破关键技术瓶颈，形成区域重大问题的综合技术解决方案，实现规模化示范与应用。

2. 化肥农药减施重大科技任务。开展化肥氮磷减施增效、农药减量控害的机理与调控途径等研究；高效缓（控）释肥、同步营养肥等新型肥料与化肥替代减量技术、低效高毒农药替代技术及产品研发、高效施肥施药新技术及新装备研发；构建化肥农药减施与高效利用的理论方法和综合技术模式，保证主要农作物在稳产基础上，实现化肥农药使用量零增长。

3. 耕地保育与质量提升重大科技任务。在粮食主产区开展深耕深松、保护性耕作、秸秆还田、轮作休耕等研究；针对水土流失、耕地退化、污染等问题，开展中低产田障碍因子消减与地力提升、重金属和有机污染防治、水土保持、土地整治等研究，加强耕地质量调查监测与评价技术、设备研究，建立耕地质量监测体系；研发新型高效土壤改良技术、污染土壤安全利用技术与产品；通过集成与示范，缩小区域"土壤质量差"和"作物产量差"，实现大面积均衡稳产高产。

4. 农业用水控量增效重大科技任务。在旱作区开展以集雨、蓄水高效利用为核心的节水抗旱研究；在地面灌溉区开展以测墒灌溉为核心的节水增效研究；在精灌区开展以水肥耦合为核心的水肥一体化研究；在水田区开展以控制灌溉、浸润灌溉为核心的节水减排研究，构建农业用水控量增效理论方法和技术模式，在稳产增产基础上，实现农业用水总量控制目标。

5. 畜禽育种重大科技任务。以猪、奶牛、肉牛、肉羊、蛋鸡和肉鸡等为对象，创建优秀核心育种群，开展标准化、规范化基础性育种、全基因组选择技术育种和畜禽育种繁殖新技术研究，开发利用地方畜禽遗传资源，建设优良畜禽遗传资源监测预警平台、畜禽遗传评估信息共享平台，选育一批优良畜禽新品种（配套系），完善畜禽良种扩繁体系，提升主要畜禽良种自主供种能力。

6. 全程全面机械化重大科技任务。针对耕整地、种植、田间管理、收获、产地初加工等生产过程中的薄弱环节，突破技术瓶颈，研发技术装备；针对不同区域不同土壤生态条件下农作物适宜机械化作业的耕作制度和种植模式，构建农机农艺相融合的标准化、机械化生产模式；针对我国养殖设施设备落后的问题，重点解决畜禽场舍、环境控制、精准饲喂、信息化、粪便处理等高效养殖设施设备研发的重大技术瓶颈问题。

7. 精准农业与智慧农业重大科技任务。围绕开展"互联网+"现代农业行动，重点攻克农业信息的智能感知与识别关键技术，农业物联网信息融合与云计算重大共性核心技术，构建农业资源环境大数据中心；开发精准农业农田信息快速获取技术系统、精准作业数字化管理与智能决策、肥水药精准实施装备等关键技术和重大产品系统；构建温室、畜禽、水产等领域全产业链条的智慧农业系统。

8. 健康养殖和重点动物疫病重大科技任务。围绕提高畜禽养殖生产效率和劳动生产率，系统开展健康养殖模式、母畜高效繁殖、杂交改良等技术研究与集成。针对重点病种，系统开展动物疫病病原学、流行病学、致病与免疫机制、新型疫苗、诊断技术研究；开展规模化养殖场动物疫病综合防治，特别是种畜禽场垂直传播性疫病净化根除关键技术研究与集成。开展疫病防治综合技术研究，主要包括动物疫病监测预警新型技术研究、动物移动及监管技术措施、疫病的净化与根除技术。

9. 现代海洋渔业创新重大科技任务。针对海洋渔业发展方式粗放、渔业资源衰退、环境污染加剧、良种严重匮乏等重大问题，以优化近海渔业、拓展外海渔业、发展远洋渔业为主线，阐明海洋食物可持续产出机制，开展生态高效生产方式关键技术研究、重大产品创制和装备研发，加快提升海洋渔业自主创新能力。

10. 淡水渔业产业转型升级与可持续发展重大科技任务。以"生态环保、安全高效、优质增收"为目标，突破养殖生态生理特征等基础问题、攻克选择性捕捞与生态管理等重大共性关键技术、建立增殖放流与养护等示范模式，提升淡水渔业产业国际竞争力，支撑和引领现代淡水渔业产业实现新跨越。

11. 农业废弃物资源化利用重大科技任务。从秸秆、人畜粪便、病死畜禽、屠宰废弃物、残留农膜等农业废弃物的收集、处理、利用等环节系统考虑，开展农业废弃物资源调查、基础能量与物质参数的研究，营养效价评定和安全性评估，集成创新一批技术先进、切实可行的资源化利用技术，推动沼气、成型燃料、生物燃油、生物有机肥、生物基材料、高蛋白饲料等工程化应用和转型升级。

12. 农田土壤重金属污染防治重大科技任务。针对典型污染区，研究土壤-农产品重金属污染诊断、监测、预警预报技术与装备，建立监测预警与农产品评估体系。遴选区域适宜的重金属污染精准修复技术、分类治理技术模式和修复装备及产品。

13. 农业面源污染综合治理重大科技任务。以受农业面源污染影响的重要区域或典型流域为研究对象，定量评价农业面源污染入湖负荷，追溯水体面源污染物来源，识别农业面源污染关键控制区（源），研究流域尺度环境承载能力，开展农业面源污染防治方面的技术、产品和装备研发，形成适合不同区域的农业面源污染防控技术模式。

14. 食用农产品质量安全主要危害因子识别风险评估与防控重大科技任务。研发农兽药残留、重金属、病原微生物、生物毒素、外源添加物的快速筛查与精准识别技术，开展农兽药残留等危害因子在食用农产品种养和收贮运环节中的迁移分布、消长变化和环境行为、分布特征及代谢规律研究，建立农兽药残留等贯通全产业链主要危害因子管控技术及技术体系，研发与农兽药残留限量标准配套的关键检测技术及设备，为农产品质量安全监管重点的确立、农兽药残留标准的制定提供技术支撑。

15. 农产品加工副产物综合利用重大科技任务。开展农产品加工特性与适宜性以及加工过程组分相互作用与品质调控、有害物形成与防控等技术研究，突破农产品资源梯次加工技术、高值化利用技术、综合利用技术与功能成分高效制备技术等技术，研制一批新装备新产品，建立副产物综合利用技术系统。

16. 鲜活农产品流通电商体系建设重大科技任务。针对鲜活农产品保鲜时效短、品质变异大等特点，按照发展电商对鲜活农产品流通的需要，加强产地预冷、预选分级、冷藏等技术和装备研发，形成适合不同品类的鲜活农产品流通技术模式，为发展我国鲜活农产品流通电商产业作支撑。

17. 草地高效利用重大科技任务。围绕天然草地改良和人工草地建植，重点考虑品种改良、牧草标准化生产、草地可持续利用等环节，开展牧草（乡土品种）遗传资源利用、草田轮作与牧草混播、饲草机械化生产作业系统、草地-家畜低成本高效利用系统等关键技术和装备研发，提升国产优质饲草自我供给能力，保障现代草牧业持续健康发展。

18. 热带农业创新重大科技任务。针对保障天然橡胶等战略物资和特色热带农产品有效供给的需求，在热带经济作物、南繁育种、热带粮食作物、热带畜牧、热带海洋生物资源、热带冬季瓜菜等重点领域，以增产提质增效为目标，重点突破种质资源创新与育种、增产提质增效理论与技术、生产装备与贮运加工技术，为我国热区农业发展和农业"走出去"提供有力的科技支撑。

（三）前沿和颠覆性技术

1. 合成生物技术。基于大数据生物信息分析，结合基因组编辑、细胞全局扰动、代谢工程等技术手段，开展全基因组多维定点编辑、模块化育种、代谢途径遗传修饰、人工染色体合成等工作，对农业生物进行基因组水平的定向改造与重组，创制重大品种及新产品。

2. C3 植物的 C4 光合作用途径及高光效育种技术。开展 C4 光合作用途径与高光效分子机理、C4 植物光合作用产物在不同细胞和组织中的转运机制、C4 途径在 C3 宿主中的协同表达调控等重大科学问题研究，解析 C4 植物高光效机理；获得 C4 光合作用途径、代谢物转运途径等"元件"，创制具有 C4 作物光合特征的材料。

3. 动植物天然免疫技术。研究主要农作物有害生物突破寄主免疫系统的机理，揭示激发农作物对有害生物的天然免疫调控作用机制；研究重要天敌生物的控害规律及其机制，探索天敌的行为与适应、天敌与寄主互作免疫、天敌协同控害等原理。研究动物天然免疫系统清除病原体免疫应答的调控机制，以及病原体入侵机体后与天然免疫系统之间的互作关系；揭示重要病原微生物诱导致病和持续性感染的分子机制，探索草食动物胞内感染与致病的分子网络机理。

4. 农业生物固氮技术。针对影响固氮效率的环境限制因子，探索克服自然界中生物固氮仅在原核生物中发现的天然屏障，研究模式微生物固氮基因表达调控及信号响应机制、固氮微生物与宿主植物互作及适配性机制；探究非豆科作物自主结瘤固氮的可能性，开发和建立新型高效植物-微生物固氮体系，阐明微生物自身及与作物互作过程中高效生物固氮的分子机制；明确新型微生物-作物高效固氮体系。

5. 农产品食物营养组学与加工调控技术。利用基因组学、蛋白质组学、代谢组学等手段，对大宗食用农产品的营养组份及其形成机理进行深度挖掘和解析；研究大宗食用农产品及传统食品在贮藏、加工过程中色、香、味、形等品质形成机理；探究农产品在贮藏、加工过程中营养组分消化消长、吸收及代谢等作用机制变化规律；建立基于食物营养组分特性和人体健康个性需求的健康饮食干预机制，通过信息化平台和个性化智能设计研发个性化营养食品。

四、农业技术推广

（一）健全完善农业技术推广体系

适应农业市场化、信息化、规模化、标准化发展需要，完善体制机制，强化服务功能，提升队伍素质，创新方式方法，促进公益性推广机构与经营性服务机构相结合、公益性推广队伍与新型农业经营主体相结合、公益性推广与经营性服务相结合，加快健全以国家农技推广机构为主导，农业科研教学单位、农民合作组织、涉农企业等多元推广主体广泛参与、分工协作的"一主多元"农业技术推广体系，为推进农业供给侧结构性改革、加快农业现代化提供有力支撑。

加强国家农技推广机构建设。强化国家农技推广机构的公共性和公益性，履行好农业技术推广、动植物疫病防控、农产品质量安全监管、农业生态环保等职责，加强对其他推广主体的服务和必要的监管。根据农业生态条件、产业特色、生产规模及工作需要，因地制宜完善农技推广机构设置。创新激励机制，鼓励基层推广机构与经营性服务组织紧密结合，鼓励农业技术推广人员进入家庭农场、农民合作社和农业产业化龙头企业创新创业，在完成本职工作前提下参与经营性服务并获取合法收益。完善运行制度，健全人员聘用、业务培训、考评激励等机制。推进方法创新，加快农技推广信息化建设，建立农科教结合、产学研一体的科技服务平台。落实农技人员待遇，改善工作条件，建立工作经费保障长效机制。

引导科研教学单位开展农技推广服务。强化涉农高等学校、科研院所服务"三农"职责，将试验示范、推广应用成效以及科研成果应用价值等作为评价科研工作的重要指标。鼓励科研教学单位设立推广教授、推广研究员等农技推广岗位，将开展农技推广服务绩效作为职称评聘、工资待遇的主要考核指标，支持科研教学人员深入基层一线开展农技推广服务。鼓励高等学校、科研院所紧紧围绕农业产业发展，同农技推广机构、新型农业经营主体等共建农业科技试验示范基地，试验、集成、熟化和推广先进适用技术。

支持引导经营性组织开展农技推广服务。落实资金扶持、税收减免、信贷优惠等政策措施，支持农民合作社、供销合作社、专业服务组织、专业技术协会、涉农企业等经营性服务组织开展农业产前、产中、产后全程服务。通过政府采购、定向委托、招投标等方式，支持经营性服务组织参与公益性农业技术推广服务。建立信用制度，加强经营性服务组织行为监管，推动农技推广服务活动标准化、规范化。

（二）加快农业科技成果转化应用

依照《促进科技成果转化法》和有关政策要求，尊重市场规律，遵循自愿、互利、公平、诚信的原则，推动农业科技成果转化应用。完善农业科研院校科技成果快速转化应用机制，强化专业化机构和职业化人才队伍建设，健全科技成果转移转化的统计和报告制度。组织实施应用类农业科技项目时，明确项目承担者的科技成果转化义务，将成果转化情况作为立项和验收的重要内容和依据。建立农业科技成果转化应用信息系统，定期筛选发布重大农业知识产权目录。加强知识产权价值评估和侵权评价认定技术研究，搭建重大知识产权信息共享应用平台。加强农业标准制定工作，对农业新技术、新工艺、新材料、新产品依法及时制定国家标准、行业标准，积极参与国际标准的制定，推动农业先进适用技术推广应用。充分发挥企业技术创新和转化应用的主导作用，鼓励企业与农业科研院校共建研发和技术转移机构等，探索建立政府推动、市场引导、企业化运作的农业科技成果转移服务新模式新机制。

（三）农业技术推广重点项目和行动

1. 农业防灾减灾稳产增产关键技术集成示范工程。大力推广小麦"一喷三防"、水稻集中育秧、玉米地膜覆盖、机械深松整地、病虫害统防统治和绿色防控等关键技术，建立对主要品种、主要灾害、关键环节稳产增产和防灾增产技术推广模式，推动建立稳产高产技术体系，增强农业防灾抗灾减灾能力。

2. 主要农作物生产机械化推进行动。在水稻、玉米、小麦、马铃薯、棉花、油菜、花生、大豆、甘蔗等主产区，大力推广耕整地、标准化种植、植保、收获、烘干、秸秆处理等主要环节机械化技术，提升主要粮食作物生产全程机械化水平，突破主要经济作物生产全程机械化"瓶颈"，推动农机化技术集成配套，优选适宜的技术路线和装备，形成具有区域特色的全程机械化生产模式。

3. 保护性耕作技术集成示范工程。围绕翻松旋免结合轮耕、秸秆还田技术，加强不同土壤质地、不同轮作制度条件下现代土壤耕作技术模式与技术规程研究，开展农机化技术装备试验示范，构建合理耕层、提升土壤地力，促进土壤蓄水保墒能力，避免土壤水蚀风蚀，并试点在粮食主产区开展示范推广，实现高产高效与资源生态永续利用。

4. 同步营养化技术示范应用。加强不同种类作物养分吸收利用曲线或规律、缓（控）释肥料养分释放曲线或规律、不同地区土壤供肥曲线或规律的研究，转化推广一批适合不同区域、不同作物施用的同步营养化肥料，鼓励开展多种形式的产学研合作，建立各具特色的同步营养化肥料产业技术模式，为推进同步营养化肥料应用提供科技支撑。

5. 草牧业综合配套技术推广项目。综合运用飞播、补播、松土等技术,实施天然草原改良,促进恢复退化草原植被。在草原牧区、农牧交错区、传统农区和南方草山草地区建立完善人工种草技术体系。在天然草原、人工草地和改良草地,推广划区轮牧技术,天然草原改良复壮机械化技术和鼠害、虫害生物防控技术,天然草原资源、生态、生物灾害监测预警和重大草原生态保护工程实施效果评价技术,人工草地种植、收储与加工机械化技术,指导新型经营主体开展草畜系统生产监测。

6. 农业物联网试验示范工程。构建农业物联网理论体系、技术体系、应用体系、标准体系、组织体系、制度体系和政策体系,建立符合国情的农业物联网可看、可用、可持续的推广应用模式,在全国分区分阶段推广应用。探索农业物联网商业化运营机制和模式,扶持一批农业物联网技术应用示范企业,推动农业物联网上下游相关产业良性发展。

7. 水产养殖节水(能)减排技术集成示范工程。筛选并集成节水节能、渔药减施、污染物减排、水产品质量安全提升等技术,完善技术标准和配套技术规范,明确适宜的养殖区域、养殖方式和养殖品种等,加大示范力度。大力推广鱼菜共生、水循环利用、多营养层次养殖等成熟技术,推进水产养殖节能减排新技术、新模式在全国的推广应用。

8. 稻渔综合种养示范工程。在水网稻区、冬闲田稻区等资源丰富、生产潜力大的地区,以稳定水稻生产、减少化肥农药使用为目标,集成配套稻渔综合种养技术和设施设备,建设一批示范基地,示范推广稻鱼、稻鳖、稻虾、稻鳅、鱼菜共生以及轮作等综合种养模式。

9. 农产品加工关键技术与产业示范工程。在全国优势农产品产区选择典型市(县)、垦区,建立大宗农产品烘干、净化、分级、保鲜、储藏等初加工和农产品加工副产物综合利用技术服务支撑体系，加快推广产地初加工和综合利用关键技术，完善加工装备和设施建设，进一步降低农产品产后损失率，提高加工副产物综合利用率。

10. 农产品质量安全全程关键控制技术推广与科普示范工程。集成农产品质量安全控制技术，形成农产品质量安全全程管控模式，在全国主要农产品优势产区，依托规模化生产经营主体，建立农产品质量安全全程关键控制技术示范基地，开展农产品质量安全生产技术推广、人员培训和科普宣传，提升农产品生产经营者质量安全管控水平。

11. 秸秆综合利用技术示范应用。研制秸秆还田、收储运、肥料、饲料、基料和能源化等相关技术规范和标准，示范推广一批秸秆综合利用技术和设施装备，鼓励开展多种形式的产学研合作，构建各具特色的秸秆综合利用产业技术和模式，为推进秸秆综合利用提供科技支撑。

12. 地膜回收综合技术示范应用。筛选适宜的可降解地膜，并面向一定作物品种、一定范围内推广。加强农用地膜清洁生产试点示范，制定加厚地膜覆膜和回收利用的配套性技术规程，明确适宜的地膜种类、质量、厚度以及地膜回收利用技术措施，大力推进加厚地膜推广应用。

13. 畜禽标准化规模养殖技术集成示范工程。针对不同规模、不同区域条件下主要畜禽标准化养殖场，大力推行适用品种、养殖工艺技术和装备设施"三配套"的标准化规模养殖技术体系，加强饲料原料高效利用、标准化饲养工艺模式、高效节能设施设备、养殖废弃物高效处理与资源化利用等关键技术集成应用，重点推广以还田利用为主导的畜禽粪便综合利用技术模式，加快畜禽养殖污染治理，促进畜牧业转型升级。

14. 全国农业科技成果转移中心建设。按照公益性与经营性相结合的原则，开展农业科技成果征集确认、评价评估、宣传推介、转让交易、众创服务，建立目标一致、分工明确、权责明晰、利益共享的成果转移服务体系。建立知识产权保护与开发利用相关规则和机制，构建科学合理的农业科技成果评估体系。完善市场化运行机制，推动中心走上专业化、市场化发展道路。

15. 农业科技扶贫重点行动。坚持精准扶贫，把革命老区、民族地区、边疆地区、集中连片贫困地区作为重点，组织中央和地方农业科研、推广与农民培训机构等，探索贫困地区特色产业技术发展模式和产业致富带头人培养机制，扶持特色农业、生态绿色产业等优势产业，带动就地就近脱贫。

五、农业农村人才队伍建设

（一）农业科研人才队伍建设

依托科技计划项目、重点实验室、现代农业产业技术体系、农业科技创新联盟等，对优秀创新团队给予重点资助，加大农业科研领军人才、青年科技人才、创新团队及涉农企业人才的培养力度，建立总量结构合理、创新气氛浓厚的科研人才队伍。深入实施农业科研杰出人才培养计划、中国农业科学院科技创新工程、中国水产科学研究院"5511人才工程"、中国热带农业科学院"十百千人才工程"，举办农业领域高级专家国情研修班，探索实践学术秘书制度，新增进入两院院士、国家新世纪百千万人才工程人选等领军人才300名以上，使我国农业科技创新领军人才达到600名以上。深入实施"青年英才计划""百名英才培养计划""热带农业青年拔尖人才计划""杰出青年农业科学家"资助项目，争取设立优秀青年农业科技人才培养引进基金及科技奖项，组织青年科技人才出国（境）访问研修，建立后备人才库，使我国优秀农业青年科技人才达到2500名以上。建设300个农业科研杰出人才创新团队，加快培养3000名创新团队科技骨干及科研辅助人员。以农业产业化龙头企业科技人才为重点，支持开展农业商业化育种、农药、兽药、肥料、饲料、农机装备、农产品加工等领域的技术创新，大力培育农业企业拔尖人才队伍。继续开展中华农业英才奖、中华农业科奖等评选工作，营造有利于科研人才成长的良好社会氛围。

（二）农业技术推广人才队伍建设

以充实一线、强化服务为重点，大力加强农业技术推广人才队伍建设。深入实施"万名农技推广骨干人才培养计划"，开展技术交流、学习研修、观摩展示等活动。结合基层农技推广体系改革与建设补助政策，加强培训基地建设，组织农技推广人才参加知识更新培训，建立培训长效机制。深入实施"基层农技人员学历提升计划"，分期分批选送基层农技骨干到农业科研院校进行研修、深造。依托全国农业远程教育平台举办农业科技人员网络大讲堂，鼓励农技人员参加网络学习。稳步实施特岗计划、定向培养，鼓励和引导高校、职业院校涉农专业毕业生到基层农技推广机构工作。积极发展多元化、社会化农技推广服务队伍。加强国家农业技术推广机构人员聘用管理，严格农技人员上岗条件和聘用程序，出台农技推广研究员分层分类评价办法，健全激励机制。继续实施"全国十佳农技推广标兵"资助项目，大力弘扬优秀农技人员的先进事迹。

（三）农村实用人才队伍建设

围绕农业发展需要和农民技术需求，培养一大批新型职业农民、农村实用人才和农业高技能人才。大力实施新型职业农民培育工程，建立健全"三位一体、三类协同、三级贯通"的新型职业农民培育制度。全面推进以新型职业农民为主体的农村实用人才认定管理，统筹推进生产经营型、专业技能型和专业服务型新型农民认定工作，积极推动有关扶持政策与认定工作挂钩，提升认定的吸引力和含金量。扎实推进农村实用人才带头人素质提升计划，开展农村实用人才带头人和大学生村官示范培训及农业部定点扶贫地区产业发展带头人培训，培养一批带领农民脱贫致富的乡村"土专家"。加强农村实用人才培训基地建设。加强农业职业技能开发，加大急需紧缺高技能人才培养力度，认定一批农业技能人才培养实训基地。建立健全农业职业分类体系，做好农业行业国家职业技能标准制修订、培训教材编写、鉴定试题库开发等基础性工作，提升农业技能人才工作信息化水平。开展多种形式的农业职业技能竞赛活动，营造比学赶超的良好氛围。深入实施"现代青年农场主计划"，培养一支创业能力强、技能水平高、带动作用大的青年农场主队伍。谋划实施农村实用人才学历提升计划，大力发展农业职业教育，深化产教融合、校企合作，推动集团化办学。充分利用农广校系统、农业高校、职业院校、协会社团等教育资源，引导社会企业参与培育工作，健全农民教育培训体系，完善培训对象库、师资库、教材库，着力提高培训质量。继续引导社会力量参与农村实用人才培养，组织实施"全国十佳农民""全国杰出农村实用人才""农业科教兴村杰出带头人"等项目，为优秀农村实用人才创业兴业搭建平台。加强农业农村科普工作，不断提高农业从业者科学素质。

（四）促进农业人才流动

改进薪酬和岗位管理制度，破除人才流动的体制机制障碍，促进农业科技人员按照市场规则自由流动，实现人尽其才、才尽其用。鼓励农业科研院校的科研人员经所在单位批准，带科研项目和成果、保留基本待遇到企业工作或创办企业。鼓励农业科研院校设立一定比例流动岗位，吸引有创新实践经验的企业家和企业科技人才兼职。

六、农业科技创新条件能力建设

（一）农业重点学科实验室

立足现代农业发展新要求，综合考虑学科布局、产业特点和区域特色，在巩固原有布局的基础上，强化农业资源环境、农产品加工、农业信息化、农业机械化、农产品质量安全等科研领域，更加重视产地环境污染防控、资源循环利用技术与模式、都市农业、草牧业创新、远洋与极地渔业创新等科研领域，建设一批综合性实验室、专业性（区域性）实验室，再提升一批重点实验室的设备水平，研发一批中小农业专用装置，基本建成布局合理、设备先进、运行高效、数据共享的重点学科实验室体系。

（二）农业科学实验站

根据我国综合农业区划、科研用地分布和农业长期性基础性科技工作任务需要，围绕作物资源、土壤质量、农业环境等 10 个学科领域，在农业科学观测站、现代农业产业技术体系综合试验站等基础上，遴选布局一批国家农业科学实验站，建设 10 个国家农业科学数据中心和 1 个国家农业科学数据总中心，持续开展观测监测和数据收集分析，为农业科技创新和政策制定，提供基础数据支撑。

（三）农业科学试验基地

结合我国综合农业区划和产业发展布局，围绕着共性技术攻关需求和技术集成创新转化，综合考虑科教单位区域分布、土地资源和建设基础，规划布局一批综合性农业科学试验基地和专业性农业科学试验基地，形成覆盖全国、重点突出、功能明确的全国农业科学试验基地网络。

七、体制机制创新

（一）深化农业科研机构改革

坚持农业科技的公共性、基础性和社会性定位，强化分类指导，积极稳妥推进农业科研事业单位改革，推进有特色高水平农业科研院所建设。优化农业科技创新力量布局，协调好中央、省、地农业科研院校以及涉农企业的创新责任。以科学决策、学术咨询、岗位管理、分配激励为核心，试点先行，积极建立健全现代科研院所制度。根据中央有关部署，适时推进落实农业科研事业单位在编制管理、人员聘用、职称评定、绩效工资分配等方面的自主权。鼓励有条件省份将地市级涉农科研机构纳入省级科研机构直接管理，探索地市级农业科研院所与农技推广机构资源整合试点。鼓励社会力量采取灵活的方式注册成立涉农科研机构。

（二）创新农业科技计划组织管理

按照中央关于深化科技计划改革的新要求，强化顶层设计，统筹科技资源，改革完善农业科技计划管理方式，建立目标明确和绩效导向的管理制度，形成职责规范、科学高效的组织管理机制。坚持公开透明，加强项目实施过程的信息公开，主动接受社会监督。建设完善专业机构，加强对专业机构的监督、评价和动态调整，确保其按照委托协议要求和相关规定进行项目管理工作。完善科研信用管理制度，建立覆盖项目决策、管理、实施主体的逐级考核问责机制和责任倒查制度。

（三）强化国家农业科技创新联盟建设

把国家农业科技创新联盟建设作为科学配置农业科技资源的改革举措、实现农业创新驱动的重要平台、农业科技问题攻关的重要力量。围绕建设农业科技资源共建共享平台，构建分工协作的"一盘棋"农业科技工作新格局；围绕解决区域性农业科技重大问题，形成一批"一体化"农业科技综合解决方案；围绕解决产业和企业发展的关键技术瓶颈，创新"一条龙"农业科研组织模式，着力提升联盟企业的核心竞争力。创新联盟运行机制，在国家层面加快推进任务牵引、资源共享、行业协同、市场驱动等机制建设，在联盟内部建立目标一致、优势互补、平台一体、利益共赢等机制，激发联盟的发展活力和内生动力。推动省级农业科技创新联盟建设，推进中央与地方协同创新。

（四）加强现代农业产业技术体系建设

优化体系整体设计和布局，充分发挥体系"集中力量办大事"的优势，在适应农业供给侧结构性改革、推动农业发展方式转变、补齐农业发展短板等方面集中发力、重点突破。坚持和完善稳定支持机制，保障科研人员全身心投入体系工作。完善体系联合协作机制，增强体系内部和体系间协作交流，发挥多学科联合作战的优势。完善任务形成机制，以产业需求为导向，凝练科研攻关任务，确保创新链与产业链协同发展。完善绩效考评机制，坚持不唯论文奖励、注重成果应用的评价导向，创新考核评价模式，提高创新效能。

（五）建设区域性现代农业产业科技创新中心

以关键行业和领域为重点，以区域共性关键技术研究为基础，以产业化为目标，以体制机制创新为动力，以科研单位、大学或龙头企业为承建主体，集聚科技、产业、金融、人才等要素，建设一批区域性现代农业产业科技创新中心。通过几年的努力，建成一批国家级区域农业产业技术创新平台，集聚一批全国一流领军人才和研发团队，吸引一批国内外知名企业总部和研发中心，打造一批区域现代农业科技创新高地，实现农业创新链与产业链深度融合，促进科技研发、成果转化、产业孵化、金融支持、国际交流等协同发展，持续提升区域农业产业发展水平和综合效益，为推进区域现代农业迈上新台阶、加快区域农业现代化做出重要贡献。

（六）提升企业技术创新能力

健全农业技术创新的市场导向机制和政府引导机制，引导各类创新要素向企业集聚，促进企业成为技术创新决策、研发投入、科研组织和成果转化的主体，切实推动和引领现代农业产业发展。在农业科技规划计划、政策制定和项目组织等过程中，更加注重发挥企业和企业家的作用。运用财政后补助、间接投入等方式，支持企业自主决策、先行投入，开展重大产业技术创新。吸纳农业企业加入国家农业科技创新联盟。鼓励企业设立研发机构，支持企业与农业科研院校、技术推广部门等共建联合研发中心、农业产业化示范基地等平台。鼓励企业与农业科研院校等联合建立学生实习实践培训基地。鼓励农业科研院校的科技平台等资源向企业开放。推进完善企业研发费用加计扣除优惠政策。引导金融资本、风险投资等社会资金参与建立农业科技创新基金，完善天使投资、股权投资和债权投资等融资服务体系，增强资本市场对农业技术创新的支持。

（七）充分调动科技人员创新积极性

以调动科技人员创新积极性为出发点和落脚点，营造潜心钻研、干事成事和各类人才脱颖而出的发展环境。实行以增加知识价值为导向的分配政策，落实成果转化奖励等激励措施，使科研人员收入与其创造的科学价值、经济价值、社会价值紧密联系。鼓励农业企业通过股权、期权、分红等激励方式，调动科研人员创新积极性。建立以创新价值和产业贡献为导向、职能定位为基准的科研机构和科技人员分类评价制度，基础性工作重点评价对科技创新的支撑作用，基础和应用基础研究的代表性成果以同行评价为主，应用和开发研究评价以市场和用户评价为主，评价结果与绩效激励挂钩。推行第三方评价，探索建立政府、社会组织、公众等多方参与的评价机制。完善绩效工资制度，重点向关键岗位、业务骨干和有突出贡献的人员倾斜。完善科研项目间接费用管理制度，公开公正安排绩效支出，充分体现科研人员的创新价值。

八、保障措施

（一）加强组织领导

各级农业行政主管部门要进一步提高认识，认真贯彻落实创新驱动发展战略，切实把科技创新摆在现代农业发展全局的核心位置，并结合当地实际，做好重大任务的分解和落实，积极开展特色鲜明、各有侧重的农业科技创新。强化农业部科技教育司规划实施主体责任，有关司局要细化落实规划制定的相关任务，建立规划落实的工作责任制，按照职责分工完善规划实施督导和检查考核工作机制。充分利用部际联席会议制度和战略咨询与综合评审委员会，加强规划任务内容与国家五大类科技计划协调联动、有效对接，积极争取将规划任务内容安排到有关科技计划中。

（二）加大经费投入

加大各级财政对农业科技的投入力度，完善稳定支持和适度竞争相协调的农业科研投入方式。支持农业科研院校自主布局科研项目，扩大学术自主权和个人科研选题选择权。调整农业科技投入重点，引导农业科技资源向转变农业发展方式、实施藏粮于地和藏粮于技战略等新要求聚集。扩大农业科研机构绩效拨款试点范围，逐步建立财政支持的农业科研机构绩效拨款制度。争取加大中央级公益性科研院所基本科研业务费专项资金投入强度，鼓励地方财政设立省、地市级农业科研院所基本科研业务费专项资金。鼓励设立省级农业科技创新联盟专项、农业科技创新专项等。提高公益性农业科研院所和基层农技推广机构的运行经费保障水平。健全符合农业科研特点的科研经费资金管理制度，健全完善科研项目资金使用公务卡结算有关制度，完善科研项目和资金使用监管机制。

（三）加强科技合作

在国内，加强与国防科工局、中科院、综合性高校、金融部门等的合作，促进军用技术民用化，引进农业系统外的专家、技术为农业服务，探索完善农业科技与金融结合的新机制新模式。在国际，全面落实国家"一带一路"战略的总体部署，充分利用中非、中阿、中拉、中欧等农业国际合作平台，加强与沿线国家农业技术合作。大力推进全球气候变化、跨国动植物疫病等共性难题的合作与应对。推进农业企业、科研院校在国外建立一批联合研发、技术转移、示范服务等平台。支持农业科技人员到国际学术组织任职。主动发起或积极参与大型国际合作计划，支持举办有全球影响力的国际学术会议，培育高水平国际学术期刊。鼓励企业建立国际化创新网络，提升企业利用国际创新资源的能力。

（四）贯彻法律法规

深入实施新修订的《促进科技成果转化法》《农业技术推广法》和《种子法》。加强《农业转基因生物安全管理条例》等执法工作力度，落实研发单位第一责任人责任和属地管理责任，扎实做好转基因科普宣传工作。加强植物新品种保护审查能力与测试体系建设，加快建立品种 DNA 身份信息数据库和全国统一查询平台。完善种子市场秩序行业评价机制，坚决打破地方封锁和保护，加快形成全国统一开放、竞争有序的市场。加强新品种、饲料、肥料、农药、兽药的审定、登记工作，严格标准，加快审定、登记步伐。深入开展打击侵犯知识产权活动，提高自主创新的积极性。

（五）营造良好环境

营造崇尚创新的文化氛围，倡导甘于奉献、潜心科研的创新文化，营造敢为人先、宽容失败的创新氛围。采取多种形式鼓励支持基层创新行为，尊重科技人才创新自主权。大力宣传农业科技工作新成效，宣传好经验好做法好典型。利用电视以及互联网、微信等现代信息传播媒介，加大科普宣传力度，提高农业科技创新的显示度、认可度和影响力。

国务院关于深化改革加强基层农业
技术推广体系建设的意见

国发〔2006〕30号

各省、自治区、直辖市人民政府，国务院各部委、各直属机构：

基层农业技术推广体系是设立在县乡两级为农民提供种植业、畜牧业、渔业、林业、农业机械、水利等科研成果和实用技术服务的组织，是实施科教兴农战略的重要载体。长期以来，基层农业技术推广体系在推广先进适用农业新技术和新品种、防治动植物病虫害、搞好农田水利建设、提高农民素质等方面发挥了重要作用。面对新形势、新任务，基层农业技术推广体系体制不顺、机制不活、队伍不稳、保障不足等问题亟须解决。根据《中共中央国务院关于进一步加强农村工作提高农业综合生产能力若干政策的意见》（中发〔2005〕1号）和《中共中央国务院关于推进社会主义新农村建设的若干意见》（中发〔2006〕1号）精神，现就深化改革，加强基层农业技术推广体系建设提出以下意见：

一、改革基层农业技术推广体系的指导思想、基本原则和总体目标

（一）指导思想

以邓小平理论和"三个代表"重要思想为指导，贯彻落实党的十六大和十六届四中、五中全会精神，围绕实施科教兴农战略和提高农业综合生产能力，在深化改革中增活力，在创新机制中求发展。按照强化公益性职能、放活经营性服务的要求，加大基层农业技术推广体系改革力度，合理布局国家基层农业技术推广机构，有效发挥其主导和带动作用。充分调动社会力量参与农业技术推广活动，为农业农村经济全面发展提供有效服务和技术支撑。

（二）基本原则

坚持精干高效，科学设置机构，优化队伍结构，合理配置农业技术推广资源；坚持政府主导，支持多元化发展，有效履行政府公益性职能，充分发挥各方面积极性；坚持从实际出发，因地制宜，鼓励地方进行探索和实践；坚持统筹兼顾，与县乡机构改革相衔接，处理好改革和稳定的关系。

（三）总体目标

着眼于新阶段农业农村经济发展的需要，通过明确职能、理顺体制、优化布局、精简人员、充实一线、创新机制等一系列改革，逐步构建起以国家农业技术推广机构为主导，农村合作经济组织为基础，农业科研、教育等单位和涉农企业广泛参与、分工协作、服务到位、充满活力的多元化基层农业技术推广体系。

二、推进基层农业技术推广机构改革

（四）明确公益性职能。基层农业技术推广机构承担的公益性职能主要是：关键技术的引进、试验、示范，农作物和林木病虫害、动物疫病及农业灾害的监测、预报、防治和处置，农产品生产过程中的质量安全检测、监测和强制性检验，农业资源、森林资源、农业生态环境和农业投入品使用监测，水资源管理和防汛抗旱技术服务，农业公共信息和培训教育服务等。

（五）合理设置机构

按照科学合理、集中力量的原则，对县级农业技术推广机构实行综合设置。各地可以根据县域农业特色、森林资源、水系、水利设施分布和政府财力情况，因地制宜设置公益性农业技术推广机构。可以选择在乡镇范围内进行整合的基础上综合设置、由县级向乡镇派出或跨乡镇设置区域站等设置方式，也可以由县级农业技术推广机构向乡镇派出农业技术人员。畜牧兽医机构按照兽医管理体制改革的要求，合理设置。农村经营管理系统不再列入基层农业技术推广体系，农村土地承包管理、农民负担监督管理、农村集体资产财务管理等行政管理职能列入政府职责，确保履行好职能。

（六）理顺管理体制

根据农业技术推广工作特点，建立健全有利于充分发挥基层农业技术推广体系作用的管理体制。县级以上各级农业、林业、水利行政主管部门要按照各自职责加强对基层农业技术推广体系的管理和指导。县级派出到乡镇或按区域设置机构的人员和业务经费由县级主管部门统一管理；其人员的调配、考评和晋升，要充分听取所服务区域乡镇政府的意见。以乡镇政府管理为主的公益性推广机构，其人员的调配、考评和晋升，要充分听取县级业务主管部门的意见；上级业务主管部门要加强指导和服务。

（七）科学核定编制

根据职能和任务，合理确定基层公益性农业技术推广机构的人员编制，保证公益性职能的履行。县乡农业技术推广机构所需编制由各县结合实际确定，按程序审批。应确保在一线工作的农业技术人员不低于全县农业技术人员总编制的2/3，专业农业技术人员占总编制的比例不低于80%，并注意保持各种专业人员之间的合理比例。公益性农业技术推广机构人员编制不得与经营性服务人员混岗混编。

（八）创新人事管理制度

改革用人机制，实行人员聘用制度，实现由固定用人向合同用人、由身份管理向岗位管理转变；坚持公开、公平、公正的原则，采取公开招聘、竞聘上岗、择优聘用的方式，选拔有真才实学的专业技术人员进入推广队伍，人员的进、管、出要严格按照规定程序和人事管理权限办理。完善考评制度，将农业技术人员的工作量和进村入户推广技术的实绩作为主要考核指标，将农民群众对农业技术人员的评价作为重要考核内容。改革分配制度，将农业技术人员的收入与岗位职责、工作业绩挂钩，落实对县以下农业技术人员的工资待遇倾斜政策。切实搞好农业技术人员的培训和继续教育，完善农业技术人员技术职务评聘制度，不断提高农业技术推广队伍的整体素质。

三、促进农业技术社会化服务组织发展

（九）放活经营性服务

积极稳妥地将国家基层农业技术推广机构中承担的农资供应、动物疾病诊疗以及产后加工、营销等服务分离出来，按市场化方式运作。鼓励其他经济实体依法进入农业技术服务行业和领域，采取独资、合资、合作、项目融资等方式，参与基层经营性推广服务实体的基础设施投资、建设和运营。积极探索公益性农业技术服务的多种实现形式，对各类经营性农业技术推广服务实体参与公益性推广，可以采取政府订购服务的方式。

（十）培育多元化服务组织

积极支持农业科研单位、教育机构、涉农企业、农业产业化经营组织、农民合作经济组织、农民用水合作组织、中介组织等参与农业技术推广服务。推广形式要多样化，积极探索科技大集、科技示范场、技物结合的连锁经营、多种形式的技术承包等推广形式。推广内容要全程化，既要搞好产前信息服务、技术培训、农资供应，又要搞好产中技术指导和产后加工、营销服务，通过服务领域的延伸，推进农业区域化布局、专业化生产和产业化经营。要规范推广行为，制定和完善农业技术推广的法律法规，加强公益性农业技术推广的管理，规范各类经营性服务组织的行为，建立农业技术推广服务的信用制度，完善信用自律机制。

四、加大对基层农业技术推广体系的支持力度

（十一）保证供给履行公益性职能所需资金

要采取有效措施，切实保证对基层公益性农业技术推广机构的财政投入。地方各级财政对公益性推广机构履行职能所需经费要给予保证，并纳入财政预算。其中，对乡镇林业工作站承担的森林资源管护、林政执法等公益性职能所需经费也要纳入地方财政预算。中央财政对重大农业技术项目推广和经济欠发达地区的推广工作给予适当补助。各地要统筹规划，在整合现有资产设施的基础上，按照填平补齐的原则，加强基础设施建设，改善基层农业技术推广条件。

（十二）完善改革的配套措施

要用改革的思路和办法，解决建立新型基层农业技术推广体系中遇到的问题。对重大农业科技成果转化等项目可实行招投标制，鼓励各类农业技术推广组织、人员和有关企业公平参与投标。鼓励农业技术人员自主创业。对他们创建经营性技术服务实体，可以优惠使用原乡镇推广机构闲置的经营场地，并享受现行政策规定的有关税收优惠。

（十三）妥善分流和安置富余人员

对基层农业技术推广体系改革中分流的农业技术人员，要积极稳妥地做好分流和安置工作。在鼓励和支持富余人员自主创业的同时，要积极探索多种分流和安置渠道，帮助他们重新就业。凡与原农业技术推广机构建立聘用合同、劳动合同关系的，要依法做好合同的变更、解除、终止等工作，符合条件的要依照国家有关规定支付经济补偿金，并纳入当地社会保障体系，及时办理社会保险关系转移等手续，做好各项社会保险的衔接工作。

五、切实加强对基层农业技术推广体系改革工作的领导

（十四）切实加强领导，搞好协调配合

基层农业技术推广体系改革事关农业农村经济发展全局，涉及面广，政策性强。地方各级人民政府要高度重视，把这项工作纳入重要议事日程，政府主要领导要亲自抓，及时研究解决改革中的重大问题。各有关部门要统一思想，明确分工，做好机构编制、人员安置、财政保障、基建投入、科技项目支持等工作。

（十五）认真制订方案，精心组织实施

国务院有关部门要加强对改革的指导，具体由农业部会同水利、林业、编制、人事、发展改革、财政、税务、科技、劳动保障等部门负责。各级财政要对改革提供必要的经费支持。各省、自治区、直辖市人民政府要在深入调查研究的基础上，制订推进基层农业技术推广体系改革工作方案，指导县（市）制订改革实施方案。各县（市）的实施方案要报省级人民政府审批，省级工作方案报国

务院备案。各地要在 2006 年底前完成方案的制订和准备工作，2007 年初开始组织实施。各地区和有关部门要加强对改革重点环节的组织指导，做好动员部署、竞聘上岗、分流人员、检查验收、巩固提高等工作。基层农业技术推广体系改革应在 2007 年底前基本完成。

（十六）坚持以人为本，确保改革顺利进行

地方各级人民政府要引导广大农业技术人员充分认识改革的重要性和必要性，进一步发扬心系农民、献身农业、服务农村的优良传统，主动投身改革，找准新的定位，争取更大作为。要切实做好深入细致的思想政治工作，把握好改革的力度和进度，协调好各方面利益，调动好各方面积极性，确保改革顺利进行。

国务院

2006 年 8 月 28 日

农业科技推广与服务
专项资金管理办法

财政部关于印发《农业科技推广与
服务专项资金管理办法》的通知

财农〔2001〕231号

各省、自治区、直辖市、计划单列市财政厅（局），新疆
生产建设兵团财务局：

为了加强农业科技推广与服务专项资金管理，提高资
金使用效益，促进农业科技进步，健全和完善农业服务，
我部制定了《农业科技推广与服务专项资金管理办法》，
现印发给你们，请遵照执行。执行中有何问题，请及时反
馈给我们。

2001年12月12日

第一条　为加强农业（包括林业、水利、气象，下同）科技推
广与服务专项资金管理，根据《财政农业专项资金管理规则》，制
定本办法。

第二条　农业科技推广与服务专项资金是财政预算安排用于支
持农业科技推广和完善农业服务等方面的专项资金。

第三条　农业科技推广与服务专项资金管理应符合国家有关农
业和农村经济发展的方针、政策；执行财政部颁发的《中央部门项
目支出预算管理试行办法》和财政资金管理的有关规章制度。

第四条　农业科技推广与服务专项资金实行项目管理。农业科
技推广与服务专项资金项目应实行项目评估制，有条件的项目可实
行招投标制，保证项目确定和资金分配的科学性、公开性和公正

性，提高资金使用效益。

第五条　中央级农业科技推广与服务专项资金的项目管理办法，由国务院农业行政主管部门商财政部制定并组织实施。中央财政直接安排用于地方的农业科技推广与服务专项资金的项目管理，执行财政部有关规定。

第六条　农业科技推广与服务专项资金的支持对象是各级各类农业技术推广与服务单位，农业生产经营者，涉农企业、科研院所和大中专院校等。

第七条　农业科技推广与服务专项资金支持范围主要包括：

1. 农业新品种、新技术和新产品的区域试验、中间试验或生产性试验；

2. 国际先进农业技术的引进及其吸收、创新、推广；

3. 对农民进行实用技术、政策、法律法规培训；

4. 农业市场和信息服务；

5. 农产品质量安全检测和农业转基因生物安全管理；

6. 农业资源和环境的监测和保护；

7. 农产品、农业投入品、生态环境等农业标准的制（修）订、示范和实施。

第八条　项目资金的支出内容主要包括：

1. 试验费：用于新技术、新品种、新产品的试验示范材料消耗支出；

2. 检测费：用于样品的采集、分析和数据处理等方面的支出；

3. 仪器设备费：用于与项目有关的必要的小型设备添置或租赁支出；

4. 劳务费：用于实施项目的劳务支出和咨询费用；

5. 差旅费：用于与实施项目有关的差旅费；

6. 资料信息费：用于与项目有关的资料收集、整理及发布等方面的支出；

7. 会议费：用于项目研讨、论证、验收及审定等小型会议支出；

8. 培训费：用于培训所需的师资、教材、场地租用等方面支出；

9. 技术引进费：用于引进国外先进技术有关的支出。

第九条 农业科技推广与服务专项资金的项目承担单位要根据上述支出内容，按照专款专用要求，合理、有效地安排支出，充分发挥资金的使用效益。

第十条 农业科技推广和服务专项资金项目的立项评审和组织实施等必需的费用，由农业行政主管部门根据管理工作需要编制预算，报同级财政部门审批。

第十一条 农业科技推广与服务专项资金由财政部按有关规定程序拨付。

第十二条 各项目承担单位应接受财政部门、审计部门和财政部门委托的社会中介机构的监督检查和审计。

第十三条 国务院农业行政主管部门和省级财政部门每年应向财政部报送项目的执行进展情况材料。项目按期完成后，应向财政部报送项目验收总结。

第十四条 各省、自治区、直辖市财政厅（局）可依据本办法制定实施细则。

第十五条 本办法自发布之日起施行。原有的规定或办法，与本办法相抵触的，执行本办法。

第十六条 本办法由财政部负责解释。

农业科技成果转化资金项目
管理暂行办法

科学技术部办公厅、财政部办公厅关于印发《农业科技
成果转化资金项目管理暂行办法》的通知
国科办财字〔2001〕417号

各省、自治区、直辖市、计划单列市科技厅（科委）、财
政厅（局），新疆生产建设兵团科委、财务局；国务院各
有关部门、直属机构办公厅（室）：

为了贯彻落实《农业科技发展纲要》，加强农业科技
成果转化资金管理，促进农业科技成果尽快转变为现实生
产力，科技部和财政部共同制定了《农业科技成果转化资
金项目管理暂行办法》，现予发布，请遵照执行。

中华人民共和国科技部
2001 年 08 月 28 日

第一章 总 则

第一条 为了贯彻落实《农业科技发展纲要》，加速农业、林
业、水利等科技成果（以下简称农业科技成果）转化，提高国家农
业技术创新能力，为我国农业和农村经济发展提供强有力的科技支
撑，经国务院批准，设立农业科技成果转化资金（以下简称转化资
金）。为加强转化资金项目管理，提高转化资金的使用效率和效益，
制定本办法。

第二条 转化资金的来源为中央财政拨款，由科技部、财政部
共同管理。

第三条 转化资金是一种政府引导性资金，通过吸引地方、企

业、科技开发机构和金融机构等渠道的资金投入，支持农业科技成果进入生产的前期性开发，逐步建立起适应社会主义市场经济，符合农业科技发展规律，有效支撑农业科技成果向现实生产力转化的新型农业科技投入保障体系。

第四条　转化资金的使用和管理应当按照国家扶持和保护农业、加强农业科技的有关法律、法规和政策的要求，遵守有关财务规章制度，遵循"诚实申请、公正受理、择优支持、科学管理、专款专用"的原则。

第二章　组织机构及职能

第五条　科技部负责制定和发布转化资金年度支持重点和项目指南，审议转化资金运作的重大事项，批准转化资金的年度工作计划，审定转化资金支持项目，会同财政部下达项目预算，并对项目的预算执行情况和完成情况进行监督、检查。

第六条　财政部负责审批转化资金年度预决算，参与审议转化资金支持重点、项目指南、年度工作计划及资金运作的重大事项，参与审定转化资金支持项目，联合科技部下达项目预算，对转化资金运作和使用情况进行监督、检查。

第七条　科技部、财政部会同农业部、水利部、国家林业局等有关部门（以下简称有关部门）成立转化资金工作协调小组。科技部和财政部分别为正副组长单位，农业部、水利部和国家林业局等部门为成员单位，参与审定项目指南、推荐专家和协调重大事项等工作。

第八条　科技部和财政部会同有关部门聘请具有一定权威的技术、经济、管理专家组成专家咨询委员会，对转化资金年度支持重点和项目指南提出咨询意见。

第三章　支持方向和重点

第九条　转化资金根据农业科技成果转化地域性强、周期长、风险大的特点，围绕《农业科技发展纲要》的实施，支持有望达到批量生产和应用前的农业新品种、新技术和新产品的区域试验与示范、中间试验或生产性试验，为农业生产大面积应用和工业化生产提供成熟配套的技术。

第十条 转化资金的支持重点：

（一）动植物新品种（或品系）及良种选育、繁育技术成果转化；

（二）农副产品贮藏加工及增值技术成果转化；

（三）集约化、规模化种养殖技术成果转化；

（四）农业环境保护、防沙治沙、水土保持技术成果转化；

（五）农业资源高效利用技术成果转化；

（六）现代农业装备与技术成果转化。第十一条 转化资金不支持已经成熟配套，并大面积推广应用的科技成果转化项目，不支持有知识产权纠纷的项目，不支持低水平重复项目。

第四章　支持对象和支持方式

第十二条 转化资金支持对象主要为农业科技型企业。转化资金鼓励产学研结合，鼓励科技成果的持有单位以技术入股等多种形式参与成果转化和市场竞争，鼓励科研机构和大学通过创办企业的方式申报转化资金项目。以服务于农业、农村，以社会效益和生态效益为主、公益性强的转化资金项目，可由科研单位和大学承担。

第十三条 根据农业科技成果转化项目和项目承担单位的特点，转化资金分别以贷款贴息、无偿资助、资本金注入方式给予支持：

（一）贷款贴息：对已具备一定产业化能力，具有市场前景，有望形成一定规模、取得一定效益，并已落实银行贷款的转化资金项目，采取贷款贴息方式给予支持。转化资金贴息金额原则上不超过第一年到位贷款所应支付银行利息的总额，并视不同情况予以贴息。

（二）无偿资助：对具有较大社会和生态效益，或不易直接取得市场回报的农业科技成果的转化资金项目，采取无偿资助方式给予支持。转化资金资助总额一般不超过200万元，重大项目不超过300万元。申请无偿资助的转化资金项目，申请单位应匹配一定的自筹资金。

（三）资本金注入：主要用于支持有较高技术水平和后续创新能力，对农业和农村经济结构调整，及行业技术进步有较大促进作用，有望形成新兴产业的项目。有关资本金注入项目的申请、立项及管理、参照科技部、财政部关于科技型中小企业技术创新基金资本金投入的有关规定。

第十四条 对申请贷款贴息和无偿资助的转化资金项目，项目实施周期一般不超过二年。

第五章　项目申报与审批

第十五条 科技部、财政部每年向社会公开发布转化资金项目指南，提出支持重点及申报要求。

第十六条 申报转化资金项目的单位应具有从事农业科技成果转化的能力，依法登记注册，具备独立法人资格，产权清晰，财务管理制度健全，并具备一定的农业科技开发业绩。

第十七条 转化资金支持的科技成果来源包括：国家或国务院部门、省（自治区、直辖市、计划单列市、新疆生产建设兵团）[以下简称省（区、市）]农业科技计划所形成的科技成果，以及企业、科研单位自主研究开发形成的农业科技成果。

第十八条 转化资金支持的科技成果必须具备以下条件：

（一）符合国家农业、农村经济和农业科技发展战略、规划和政策，有利于农业和农村经济结构的战略性调整，有利于增加农民收入，有利于改善农业生态环境，有利于提高农业国际竞争力。

（二）有较大推广应用潜力或良好市场开发前景；

（三）技术水平高，核心知识产权归申报单位所有；或者属于已经引进吸收但需中试国产化、以利于掌握其核心技术的技术成果；

（四）科技成果必须经省（区、市）或国家有关专门机构认定或审定。

第十九条 凡符合申报条件的单位填写《农业科技成果转化资金项目申请书》并编写《农业科技成果转化资金项目可行性研究报告》，报送国务院有关部门或省（区、市）科技厅（科委）。

第二十条 国务院有关部门科技司或省（区、市）科技厅根据转化资金项目指南，组织项目申报，并对项目申报单位的资格、项目的先进性、真实性以及转化可行性等进行审核，在申报书上签署推荐意见后，报送科技部。

第二十一条 科技部将对申报的项目进行形式审查。审查不合格的项目，当年不得再次申报。

第二十二条 对形式审查合格的项目，科技部组织专家对项目进行评审。经评审认定合格的项目，纳入科技部项目库管理。同时，提出当年安排项目建议清单，由协调小组进行认定。

第二十三条 评审专家由科技部、财政部、农业部、水利部、国家林业局等部门和地方推荐，并由科技部、财政部聘任。

第二十四条 经认定的项目由科技部、财政部审核批准，并通过媒体向社会公告。

第二十五条 经批准的项目将根据科技部科技项目管理的有关规定，由科技部主管单位同项目承担单位签定项目合同。

第六章 项目管理与监督检查

第二十六条 科技部根据实际需要，编列年度转化资金项目管理费预算，经财政部核批后，由科技部负责具体管理和使用。项目管理费主要用于组织项目、开展项目评审、进行监督检查等工作发生的支出。

第二十七条 批准立项的项目，其项目经费的拨付，按照国家财政资金拨付的有关要求，直接拨付到项目承担单位。

第二十八条 项目承担单位要严格执行国家有关财经政策和财

务规章制度，科学、合理、有效地安排和使用经费。单位财务部门要加强监督和管理，转化资金要与其他资金来源统筹安排，并单独设帐核算。不得将转化资金用于金融性融资、股票、期货及捐赠等支出。

第二十九条 为确保项目顺利实施，对项目运行实行跟踪管理，科技部、财政部组织专家对项目的执行情况进行监督检查。监督检查结果可以向社会公开发布。

第三十条 科技部依据项目合同，对项目执行情况实行监督。各有关单位要自觉接受和积极配合监督工作，接受监督检查。对监理、评估不合格的项目，可采取缓拨、减拨、停拨后续资金或中止项目合同等措施。

第三十一条 因项目承担方原因造成的合同中止，项目承担单位须立即进行财务清算，交回转化资金余额，并提交审计意见。

第三十二条 项目完成后，科技部将组织进行项目验收和绩效考评。凡未通过验收的项目，科技部、财政部将视情况予以通报，除不可抗拒因素导致项目未能通过验收的情况外，该项目承担单位今后不得申报转化资金项目。

第三十三条 在项目执行过程中产生的固定资产及知识产权，按国家有关规定办理。

第三十四条 科技部受理社会对转化资金项目有关问题的异议，并对有较大异议的项目进行调查，会同财政部提出处理意见。对弄虚作假、玩忽职守、以权谋私的行为，将依据国家有关法律、法规处理。

第七章 附 则

第三十五条 本办法自发布之日起执行。

第三十六条 本办法由科技部、财政部负责解释。

农业部实施农业科技成果转化
资金项目管理暂行规定

农业部关于印发《农业部实施农业科技成果转化
资金项目管理暂行规定》的通知
农办科〔2006〕5号

中国农业科学院、中国水产科学研究院、中国热带农业科学院及有关部属事业单位：

为了加强农业科技成果转化资金项目管理，逐步实现管理制度化、科学化、规范化，根据科学技术部、财政部《农业科技成果转化资金项目管理暂行办法》精神，结合我部项目实施情况，我部研究制定了《农业部实施农业科技成果转化资金项目管理暂行规定》，现印发给你们，请遵照执行。

执行中有什么问题，请及时反馈我部科技教育司。

二〇〇六年二月五日

第一章 总 则

第一条 为加强农业科技成果转化资金项目（以下简称"项目"）管理，逐步实现项目管理制度化、科学化、规范化，提高转化资金使用效益，根据科学技术部、财政部《农业科技成果转化资金项目管理暂行办法》、《农业科技成果转化资金项目监理和验收办法（试行）》，结合农业部工作实际，制定本规定。

第二条 本规定适用于由科技部和财政部共同实施的、农业部负责监理的、农业部部属科研、教学、推广单位承担的农业科技成果转化资金项目。

第三条 项目管理遵循"突出重点、择优支持、规范管理、强化监督"的原则，提高农业科技成果的转化率。

第四条 农业部科技教育司（以下简称"科教司"）、农业部科技发展中心（以下简称"中心"）和项目单位密切配合，各司其职，共同负责项目实施工作。

第二章　组织管理

第五条 科教司负责转化资金项目的组织、协调、管理、指导和监督工作。

第六条 中心协助科教司承担项目申报、评审、监理和验收等具体工作。

第七条 中国农业科学院、中国水产科学研究院、中国热带农业科学院（以下简称"三院"）协助科教司做好项目管理工作。

第八条 加强信息沟通与协调。科教司建立定期联系制度，在项目申报、评审、监理、验收等关键环节，及时与项目组织单位沟通情况、交流信息；中心不定期印发《农业部实施农业科技成果转化资金情况简报》，在农业部科教信息网上开辟"科技成果转化"专栏，为项目单位提供交流平台；"三院"应及时与部科教司通报项目实施总体情况，沟通信息；项目单位认真组织项目实施，每半年上报1次项目实施进展情况。

第三章　项目申报

第九条 科教司根据年度项目申报指南，结合农业部工作重点，确定申报重点领域，分配推荐项目数量。

有关单位根据要求进行申报。"三院"根据分配的项目数量按规定程序组织申报，并排出推荐顺序。

第十条 申报材料包括以下内容：

（一）《农业科技成果转化资金项目申请书》；

（二）《农业科技成果转化资金项目可行性研究报告》；

（三）《农业科技成果转化资金合同书（内容草本）》；

（四）相关附件（含附件目录）：包括申请单位法人证明（复印件）、成果证明、能说明知识产权归属及授权作用的证明文件、审计报告与财务报表、企业章程（企业申请提供）等；

（五）申报材料的电子版。

第十一条 纸质申报材料一式 11 份，其中正本 2 份，副本 9 份，并分别在封面右上角标注"正本"、"副本"。副本申请书首页的"申请单位公章"、"单位法人代表人签字"均须为原件。

第四章 项目评审

第十二条 科教司根据项目特点，按照不同领域聘请有关技术、管理、财务专家，建立项目评审专家库。

第十三条 中心负责对上报推荐项目进行形式审查并登记造册，审查内容包括：申报材料是否齐全、真实、合法和有效，各项内容填写是否完整。

第十四条 根据项目申报领域，从项目评审专家库中遴选评审专家建立专家组，对通过形式审查的项目进行评审。

第十五条 评审专家按照评审程序、评审标准、评审工作守则等要求进行评审，采取独立打分制。

评审的程序、标准及工作守则另行制定。

第十六条 中心对专家评审结果进行汇总，经科教司审核后，报送科技部。

第五章 项目监理

第十七条 项目经科技部、财政部批准后，由科教司组织项目单位按规定签订项目合同。

第十八条 项目监理由科教司组织，中心参与，会同"三院"和有关专家，采取定期与不定期相结合、全面检查与重点抽查相结合、实地考察与上报材料相结合等方式对项目进行监理。

第十九条 每年 1 月 31 日前由中心提出本年度项目监理计划，经科教司批准后，按计划、有步骤的开展监理工作。

第二十条 项目监理内容包括：项目组织实施情况；项目资金到位与使用情况；项目科技成果的熟化程度、技术水平、技术经济指标完成情况；项目存在的主要问题和解决措施等。

第二十一条 项目单位每年 11 底前填报《农业科技成果转化资金项目监理表》，并于 12 月 10 日前将监理表、相关附件和数据软盘一式两份报送中心。中心经审核汇总，提出监理意见，起草年度监理总结等材料，经科教司审核后，报送科技部科技型中小企业创新基金管理中心。

第二十二条 项目单位、单位名称或项目主持人发生变更，应于 30 日内正式行文说明原因、附具证明，经科教司提出意见并报科技部批准后方可继续执行项目。

第二十三条 因不可抗拒原因，项目单位需对合同内容及目标进行调整时，应当提出书面申请，说明原因并附具证明，经科教司提出意见并报科技部批准后方可执行。

第二十四条 项目单位应及时向科教司、中心和有关部门通报项目最新进展、实施情况。中心负责以简报形式将日常监理结果及项目实施情况上报科技部、财政部、农业部等有关部门。

第六章　资金使用

第二十五条 项目单位要严格执行国家有关财经政策和财务规章制度，加强项目资金的监督与管理，单独设帐核算，规范资金使用，专款专用。

第二十六条 转化资金应主要用于在成果熟化过程中必需列支的仪器设备、材料等硬件购置、试验示范、基本建设改造、培训等方面。

第二十七条 转化资金不得用于金融性融资、股票、期货、捐赠和福利性支出。

第二十八条 鼓励项目单位多方筹措资金用于转化资金项目。

第二十九条 因项目单位原因造成的合同终止，须及时进行财务清算，上交转化资金余额，并提交审计意见。

第七章 项目验收

第三十条 项目单位于合同到期后 1 个月内提出项目验收申请。中心根据各项目单位验收申请提出项目验收计划。经科教司批准后，报送科技部科技型中小企业创新基金管理中心，同时通知项目单位。

第三十一条 项目单位应根据中心下达的验收计划积极做好验收准备工作，包括验收材料和验收现场。

项目单位应于计划验收日期 15 日前，将全套验收材料、验收专家组建议名单和验收议程建议报送中心，经批准后执行。

第三十二条 验收材料包括：《项目执行情况总结报告》、《项目合同书》复印件、《项目验收表》，项目数据软盘、资金使用审计报告，及其它附件材料。

第三十三条 验收专家组成员名单由项目单位提出建议，报中心确定。专家组由该领域的技术专家、管理专家、财务专家5至7人组成。

第三十四条 项目验收采取会议验收并查看现场方式进行，由科教司或科教司委托中心主持。重大项目报请科技部主持。

第三十五条 项目单位应在验收后 10 个工作日内，将修订的验收材料报送中心。报送的验收材料包括：《项目验收表》一式三份、数据软盘一式二份、《项目总结报告》等材料一式两份。

第八章 奖　惩

第三十六条 科教司对项目组织得力、管理规范、成效显著的单位，予以表扬，申报项目时优先推荐。

第三十七条 对有下列情况之一的项目单位，视情节轻重予以警告、通报批评、建议缓（减）拨或停拨经费、中止或终止合同，或三年内不受理项目申请：

（一）不按《合同书》要求进度进行项目实施；

（二）不按规定使用项目资金；

（三）不按要求及时提供项目执行情况报告；

（四）不按规定接受监督检查；

（五）因项目单位原因造成项目未通过验收。

第三十八条 在项目组织实施过程中，对弄虚作假、玩忽职守、以权谋私等行为造成重大损失和严重后果的，依照国家有关法律、法规处理。

第九章 附 则

第三十九条 本规定未尽事宜，按科学技术部、财政部《农业科技成果转化资金项目管理暂行办法》、《农业科技成果转化资金项目监理和验收办法（试行）》执行。

第四十条 本规定自发布之日起执行。

第四十一条 本规定由科教司负责解释。

农业科技成果转化资金项目
监理和验收办法（试行）

科学技术部关于印发《农业科技成果转化
资金项目监理和验收办法》的通知
国科发农社字〔2002〕370号

各省、自治区、直辖市、计划单列市科技厅（科委、科技局）、新疆生产建设兵团科委，国务院各有关部门科技司（局）：

为加强农业科技成果转化资金项目实施过程的监督管理，强化国务院有关部门和地方科技主管部门的监督管理作用，保证转化资金项目的实施效果，切实推进农业科技成果尽快转变为现实生产力，根据《农业科技成果转化资金项目管理暂行办法》的规定，科技部会同财政部制定了《农业科技成果转化资金项目监理和验收办法》（试行），现予发布，请遵照执行。

中华人民共和国科学技术部
二〇〇二年十月二十八日

第一章 总 则

第一条 为加强农业科技成果转化资金项目（以下简称"转化资金项目"）实施过程的监督管理（以下简称"监理"）工作，客观评价转化资金项目的实施效果，根据《农业科技成果转化资金项目管理暂行办法》（以下简称"《暂行办法"》），制定本办法。

第二条 科技部、财政部负责实施转化资金项目的监理验收工作，并委托科技部科技型中小企业创新基金管理中心（以下简称

"管理中心") 具体执行。

第三条 国务院有关部门科技司和各省、自治区、直辖市、新疆兵团、计划单列市科技主管部门受科技部委托，作为转化资金项目实施过程的监督管理单位（以下简称"监理单位"），协助科技部，对其所推荐的转化资金立项项目进行日常监理和验收工作，并接受科技部的监督。

第四条 监理单位监理项目范围的确定按照"谁推荐、谁监理"的原则，项目的推荐单位即是项目的监理单位。

第五条 监理单位根据《暂行办法》、《农业科技成果转化资金项目合同书》（以下简称"《合同书》"）和本办法，对转化资金项目实施监理和验收，监理验收工作应实事求是、客观公正。

第二章　项目监理

第六条 转化资金项目监理工作的重要依据是《合同书》。项目承担单位要严格按照《合同书》组织实施项目，并在项目执行过程中，自觉接受监理单位和科技部对项目的监理。监理单位亦应依据《合同书》，定期了解和检查项目的执行情况，督促项目承担单位认真履行合同、如期完成合同目标。

第七条 对转化资金项目进行监理的主要内容包括：项目组织实施情况；合同计划进度完成情况；项目资金到位与使用情况；项目科技成果的熟化程度、技术水平、技术经济指标完成情况；项目存在的主要问题和解决措施。

第八条 项目承担单位须在项目实施期内每年年末填报《农业科技成果转化资金项目监理表》（以下简称"《项目监理表》"），并于下一年度的 1 月 1 日至 2 月 1 日期间将《项目监理表》及相关附件和《项目监理表》数据软盘一式二份寄至监理单位。相关软件可从管理中心网站的"文件下载"栏目下载或向监理单位索取。

《项目监理表》是监理单位和科技部评价项目执行情况、决定能否按照《合同书》的约定进行项目中期拨款的重要依据。

第九条　监理单位须在每年年末对其推荐的转化资金项目实施情况进行全面检查和总结，编制《农业科技成果转化资金工作年度总结报告》（以下简称"《工作年度报告》"），同时负责催报和接收项目承担单位填报的《项目监理表》，并根据所掌握的项目执行情况，在《项目监理表》上填写项目监理意见，于每年的 2 月 10 日至 2 月 25 日将《工作年度报告》和地方项目管理数据软盘一式二份、《项目监理表》及相关附件一式一份寄至管理中心。

监理单位提供的项目监理意见，是科技部评价项目执行情况的重要依据。

第十条　科技部、财政部在认为必要时，将自行组织专家，对部分转化资金项目进行实地考察，以便及时准确地了解、核实项目执行情况。

第十一条　科技部根据项目承担单位填报的《项目监理表》、监理单位提出的项目监理意见、以及实地考察等综合监理信息，提出项目执行意见，并据此核拨合同剩余经费。

第十二条　因不可抗拒原因，项目承担单位需对项目合同内容及目标进行调整时，应首先向项目监理单位提出书面申请，说明原因并附相关证明材料，经监理单位提出意见并上报科技部审核批准后方可执行。

第十三条　对执行情况较差的项目或有严重违约行为的项目，科技部将依据《合同书》的有关条款，缓拨、减拨或停拨剩余经费，直至终止合同。对终止合同的项目，项目承担单位应进行项目财务清算，并将转化资金支持的经费余额如数上交管理中心，科技部将在三年内不受理该项目承担单位对转化资金项目的申请。

第三章　项目验收

第十四条　凡是已立项转化资金项目，在合同期满时均应进行项目验收。验收工作在合同期满后六个月内进行的视为按期验收，超出六个月的视为延期验收，原则上延期验收时间最长可再延长六个月。

第十五条　转化资金项目的验收评审工作必须遵循客观、公正、实事求是的原则，验收工作的依据是《合同书》中规定的各项指标内容，验收评价的主要内容包括：合同计划进度执行情况；项目资金落实与支出情况；项目科技成果的熟化程度、技术水平、技术经济指标完成情况；成果转化后取得的效益。

第十六条　科技部将在合同到期前2个月向监理单位发出《农业科技成果转化资金项目验收准备工作通知》及《验收项目清单》，监理单位接到通知后应及时对验收项目进行检查，并确定验收时间，报科技部备案。

第十七条　在确定的验收时间内，监理单位通知项目承担单位按要求编写《农业科技成果转化资金项目执行情况总结报告》（以下简称"《项目总结报告》"），并填写《农业科技成果转化资金项目验收表》（以下简称"《验收表》"），做好现场验收准备；并由监理单位组织专家审阅承担单位提交的验收材料，对项目进行实地考查和评审；由专家在《验收表》中填写专家验收评审意见。

参加转化资金项目验收的专家必须由熟悉验收项目情况的科技专家和管理专家构成。专家由监理单位聘任，专家人数一般为5-7人。

对于重点转化资金项目，原则上由科技部会同有关部门直接组织专家对项目进行实地考察和验收。

第十八条　监理单位根据专家评审意见和掌握的项目执行情况，在《验收表》中填写监理单位验收评价意见，并按照规定将验收材料上报科技部。

第十九条　验收材料的准备，是验收工作中的重要环节，由项目承担单位、监理单位和专家共同完成，主要包括：

（1）《农业科技成果转化资金项目执行情况总结报告》；

（2）《农业科技成果转化资金项目验收表》；

（3）《农业科技成果转化资金项目合同书》复印件；

（4）数据软盘（相关软件可从管理中心网站的"文件下载"栏目下载或向监理单位索取）；

（5）相关附件：

由会计师事务所（或审计事务所）出具的转化资金项目专项审计报告及附注。审计内容为：项目执行期内资金到位与支出情况、项目执行期内各年度实现的各项经济指标以及累计实现的各项经济指标。

转化资金项目实施过程中取得的各类成果的证明材料，鉴定报告，检测报告，已有产品或样品的可附照片。

以上验收材料统一由监理单位汇总后上报科技部。要求《验收表》一式三份、数据软盘一式二份、《项目总结报告》等其它材料一式一份。

第二十条 科技部、财政部根据上报的验收材料及日常监理工作完成情况提出验收结论意见，原则上对按期验收，并基本完成合同目标的转化资金项目视为验收合格。对基本按期验收，并完成合同目标有一定差距的转化资金项目视为验收基本合格。对没有按期完成合同目标，并且各项指标差距较大的转化资金项目视为验收不合格。对验收不合格的项目视情况予以通报，直至取消该项目承担单位再次申报转化资金项目的资格。

因不可抗拒因素导致无法继续执行的转化资金项目，由项目承担单位提出申请、监理单位提出意见、经科技部确认后，可做项目结题处理。

第四章　附　则

第二十一条 本办法自发布之日起施行。

第二十二条 本办法由科技部负责解释。

中央财政农业技术推广与
服务补助资金管理办法

关于印发《中央财政农业技术推广与
服务补助资金管理办法》的通知
财农〔2012〕501号

各省、自治区、直辖市、计划单列市财政厅（局），新疆
生产建设兵团财务局：

为了加强中央财政农业技术推广与服务补助资金的管
理，提高资金使用效益，根据《中华人民共和国预算法》
和《中华人民共和国农业技术推广法》，我们制定了《中
央财政农业技术推广与服务补助资金管理办法》，已经农
业部会签，现印发给你们，请遵照执行。

中华人民共和国财政部
2012 年 12 月 21 日

第一章 总 则

第一条 为加强中央财政农业技术推广与服务补助资金（以下
简称农技推广资金）的管理，提高资金使用效益，根据《中华人民

共和国预算法》、《中华人民共和国农业技术推广法》等有关规定，制定本办法。

第二条 农技推广资金是中央财政预算安排的专项补助资金，用于支持推广先进适用、高产优质、安全环保的农业技术，增强农业技术服务能力，提高农业生产科技水平。包括农业技术推广、农业高产创建、旱作农业技术、农产品产地初加工、基层农技推广体系改革与建设、测土配方施肥、土壤有机质提升等补助资金，以及国家政策确定的其他相关补助资金。

第三条 农技推广资金的支持原则：

（一）突出生产应用。发挥农技推广服务体系的作用，解决生产环节应用主推技术的制约因素，调动农民使用先进适用技术的积极性，切实将农业技术转化为实际生产能力。

（二）突出区域优势。结合优势农产品区划布局，科学确定适用当地农业主导产业发展的主推技术。主推技术应与主导产业紧密结合，具有推广价值和应用前景。

（三）突出安全环保。科学评估推广技术对农产品质量安全和农业生态环境的影响，加强推广技术中新品种、投入品等管理，农作物新品种需由省级以上主管部门鉴定，确保推广技术安全环保，有效提高农产品质量。

第二章 补助范围和对象

第四条 农技推广资金支持的技术与服务：

（一）有效提高粮食等主要农产品生产能力的先进适用技术。包括农作物、畜禽、水产良种的繁育、改良、种植、养殖等。

（二）有效提高农产品附加值的先进适用技术。包括主要农产品储藏、保鲜、干燥、包装初加工技术等。

（三）有效提高农产品质量安全水平和保护农业生态环境的先进适用技术。包括农作物病虫草鼠害和动物疫病防控中高效低残留药物施用，农业生产投入品面源污染防治，农业生产残余物资源综合利用等。

（四）有效提高农技推广体系服务水平。包括建立健全基层农技推广体系为农服务的激励约束机制，支持开展公益性服务，示范推广先进农业技术，鼓励引导农业生产社会化服务组织发展等。

第五条 农技推广资金的主要支出范围：材料、农资、小型仪器设备等技术物化投入品的购置补助，推广服务、宣传培训、技术咨询等费用补助，以及与农业技术推广相关的其他支出。

农技推广资金不得支出的范围：行政事业单位的人员工资、办公费等基本支出，购买农业科技成果和专利的支出，建造办公场所、购置车辆和通讯器材的支出，基础性农业科研等支出，以及与农技推广工作无关的其他支出。

第六条 农技推广资金的补助对象是主推技术推广承担者、服务提供者和实际使用者，主要包括事业、企业、农民专业合作社和个人等。

第三章 资金分配和拨付

第七条 综合考虑各省耕地面积、粮食等主要农产品产量、农业增加值、绩效评价结果等因素，实行资金切块分配。

第八条 中央财政将农技推广资金分项拨付到省级财政，省级财政按照农技推广资金补助对象的预算级次和财政国库管理制度有关规定拨付资金。

第九条 农技推广资金的补助方式可采取现金补助、实物补助、定额补助、以奖代补、奖补结合、先建后补等。

第四章 资金管理和监督

第十条 农技推广资金实行省级项目管理。省级财政部门、农业行政主管部门根据中央财政下达的资金规模，按照财政部、农业部相关工作要求，制定项目实施方案，组织专家评审，择优确定当年支持项目，组织指导项目实施。

第十一条 省级项目实施方案主要包括：总体要求、主要目标、实施范围和规模、实施内容、补助对象和标准、管理措施等。

第十二条 农技推广资金项目的申请者应当编制申报文本，主要包括项目的基本情况、市场需求、效益分析、投资构成以及管理制度等。

第十三条 农技推广资金实行省级和部级绩效评价。

实行省级绩效评价的资金，由省级财政部门商农业行政主管部门制定资金绩效评价办法，按年度对项目实施情况、资金使用效果等组织绩效评价。

实行部级绩效评价的资金，由农业部商财政部制定绩效评价方案，分省实施。

财政部和农业部对各省绩效评价情况进行抽查。绩效评价结果以适当方式予以通报，并将绩效评价结果与资金分配挂钩。

第十四条 各级财政部门、农业行政主管部门应当强化项目的实施指导和监督检查，加强资金使用管理，及时总结项目实施、资金管理情况，并于次年4月底前向财政部和农业部报送总结材料。

第十五条 项目承担者应当建立健全资金项目管理制度，加强财务管理、档案管理和项目形成的资产管理，自觉接受纪检监察、审计、财政等部门的监督检查。

第十六条 农技推广资金专款专用，任何单位和个人不得挤占、挪用。对虚报冒领、挤占挪用和其他违反本办法规定的行为，依照《财政违法行为处罚处分条例》等国家有关规定追究法律责任。

第五章 附 则

第十七条 省级财政部门可以会同农业行政主管部门，根据本办法，结合本地实际情况制定实施细则，并报财政部备案。

本办法所称各省是指省、自治区、直辖市、计划单列市和新疆生产建设兵团。

第十八条 本办法自 2013 年 1 月 1 日起施行，2004 年 7 月 7 日财政部印发的《农业科技推广示范项目资金管理办法》（财农〔2004〕81 号）、2005 年 7 月 11 日财政部会同农业部印发的《测土配方施肥试点补贴资金管理暂行办法》（财农〔2005〕101 号）同时废止。

附　录

农业部关于贯彻落实《国务院关于深化改革加强基层农业技术推广体系建设的意见》的意见

农经发〔2006〕29号

各省、自治区、直辖市农业（畜牧兽医、渔业、农机）厅（委、局、办）：

《国务院关于深化改革加强基层农业技术推广体系建设的意见》（国发〔2006〕30号，以下简称《意见》），对改革和建设基层农业技术推广体系作出了全面部署。这是中央加强"三农"工作的重大举措，是各级农业部门面临的一项重要而紧迫的任务。各级农业部门要认真组织学习，深刻领会文件精神，立足于推进社会主义新农村建设的大局，充分认识改革和建设基层农业技术推广体系的重大意义，充分发挥基层农业技术推广体系在建设现代农业、培育新型农民、构建和谐农村等方面的重要作用。要以邓小平理论和"三个代表"重要思想为指导，认真落实科学发展观，按照《意见》提出的基本原则、总体目标和各项要求，在当地党委和政府的统一领导下，积极会同有关部门，切实履行职责，抓好贯彻落实。

一、改革基层农业技术推广体制

（一）认真细化公益性职能

明确基层农业技术推广机构的公益性职能是改革的重要前提，《意见》对此作了原则规定。各地要在《意见》规定的范围内，根据当地产业发展的需要和强化政府公共服务的要求，结合种植业、畜牧业、渔业、农机化等行业特点，对基层农业技术推广机构应承担的公益性职能进行细化。在细化公益性职能时，既要防止把政府应该承担的公共服务简单推向市场，也要防止脱离实际任意扩大公共服务范围。

（二）科学选择机构设置方式

《意见》对县以下公益性农业技术推广机构的设置方式提出了原则要求，各地要根据当地农业主导产业、特色产业发展的需要和方便农民的需求，遵循有利于业务指导、有效管理和公益性职能履行的原则，因地制宜地选择当地的主导方式。同时，要推进县级农业技术推广机构的改革和建设，整合各行业内分散的专业站，进一步提高其统筹县域公益性农业技术推广工作的能力。

基层畜牧兽医技术推广机构要按照国务院兽医管理体制改革的要求合理设置，确保公益性畜牧兽医技术推广职能的履行。农村经营管理系统的行政管理职能列入政府职责，根据工作任务明确承担机构和落实人员。行政编制难以满足需要的，要强化行政支持类经营管理队伍建设，保障各项经费，确保职能履行。

（三）强化落实管理职责

各级农业行政主管部门要加强对基层农业技术推广体系建设的指导，建立有利于充分发挥基层农业技术推广体系作用的管理体制。由县级派出到乡镇和按区域设置的农业技术推广机构，在农业技术推广人员的考核、调配、晋升等方面要充分听取服务区域乡镇政府的意见。以乡镇政府管理为主的推广机构，对农业技术推广人员的考核、调配、晋升要充分听取县级农业主管部门的意见。县级农业各部门要切实强化对乡镇综合推广机构的业务指导。无论实行哪一种管理体制，都要明确县乡职责，保证农业技术推广人员从事推广工作的时间，保障工作条件，落实经费和相关福利待遇，防止因条块分割、管人和管事分离而导致一线农业技术推广人员管理缺位、经费无保障、推广工作受影响。

二、优化基层农业技术推广队伍

（四）合理核定人员编制

省县两级农业部门要积极配合编制部门，根据基层公益性农业技术推广机构承担的职能和任务，结合当地地理条件和交通状况、村庄和农户数量、农作物种类和种植面积、养殖方式和规模、农机种类和保有量等，科学测算、合理确定并落实农业技术推广人员的编制。在测算核定畜牧兽医技术推广人员编制时，要统筹考虑基层畜牧和兽医人员编制。县乡农业技术推广机构的人员编制应当统一核定，实行人员编制实名制管理，确保在一线从事农业技术推广工作的人员不低于全县农业技术推广人员总编制数的三分之二。公益性农业技术推广机构不允许存在人员在编不在岗及其与经营服务人员混岗混编的现象。

（五）严格实行竞聘上岗

各级农业部门要积极配合人事部门，做好基层公益性农业技术推广机构人员的竞聘工作。基层农业技术推广人员的聘用，要根据按需设岗、竞争上岗、按岗聘用的原则，确定具体岗位，明确岗位等级，聘用工作人员，签订聘用合同。要坚持公开、公正、公平的原则，按照公布岗位、自愿报名、资格审查、考试考核、聘前公示等程序竞争上岗，择优聘用，一般聘期为三年。参加竞争上岗的在编人员，应具备竞聘岗位相应专业学历或取得国家相应职业资格证书。省级农业部门应会同有关部门制定农业技术推广人员上岗的具体标准。要严格把关，确保上岗人员中专业技术人员比例不低于80%，并注意保持各种专业人员的合理比例。同等条件下，要优先聘用在编在岗农业技术推广人员，仍不满编的可向社会招聘，并优先聘用长期在农业技术推广机构工作的编外人员。要分行业确定竞争上岗考试内容，专业知识所占比重不应低于80%，并应有一定比重的技能试题。省级或地级农业部门要建立考试题库，配合人事部门组织实施基层农业技术推广人员竞争上岗考试工作，加强对竞聘全过程的监督指导。

（六）切实提高队伍素质

各级农业部门要适应科技进步、产业发展和农民需求变化，会同有关部门分层级制定农业技术推广人员培训规划，加强对基层农业技术推广人员的知识更新和技术培训，提高其服务能力。要制定具体措施，鼓励农业技术推广人员参加继续教育和业务培训，并把农业技术推广人员参加继续教育学习的成果作为考核晋升的重要依据。进一步完善基层农业技术推广人员技术职称评定等有关政策，落实相关待遇，吸引优秀人才从事基层农业技术推广工作，不断提高基层农业技术推广队伍的整体素质。

三、强化基层农业技术推广保障

（七）努力落实经费供给

各级农业部门要积极配合财政、人事、劳动保障等部门，切实保证基层公益性农业技术推广机构的经费，将基层公益性农业技术推广人员的工资、养老保险、医疗保险、失业保险等，以及履行职能所需的工作经费全额列入财政预算，并随着财政收入的增长而相应增加。要立足当地实际，积极争取将重大农业技术推广、农业技术推广人员知识更新培训、农民生产技能培训、动植物疫情和农情监控等所需经费列入县级以上各级财政专项。

（八）不断改善推广手段

各级农业部门要协同财政和发展改革部门，根据公益性农业技术推广机构履行职能的需要，在充分整合利用现有资产设施的基础上，按照填平补齐原则，完善推广设施，改善技术装备和推广手段，推动农业技术推广机构的设施装备不断更新，推广手段不断增强，服务能力不断提高。县级以上农业部门要在财政重大支农项目和农业建设项目安排上向基层农业技术推广体系倾斜。"十一五"期间，要积极争取有关部门对县级农业技术推广机构、区域站和重点乡镇站的建设予以支持。要依托和组织农业技术推广机构实施重大农业项目，改善推广条件，锻炼推广队伍，培养推广人才，增强推广能力。

（九）妥善安置富余人员

各地要从维护社会稳定的大局出发，坚持以人为本，切实做好基层农业技术推广体系改革中富余人员的分流和安置工作。要通过具体有效的政策措施和深入细致的思想工作，使基层农业技术推广人员充分理解改革，积极参与改革。各级农业部门要积极配合财政、劳动保障部门，认真做好改革所需各项费用的测算，将分流和安置富余人员等所需的经费纳入财政预算。积极协助有关部门清理原农业技术推广机构人员的聘用合同和劳动合同关系，依法办理合同的变更、解除、终止等手续；依照国家有关规定为符合条件的分流人员落实经济补偿金，并纳入当地的社会保障体系，及时办理社会保险关系调转手续。要把安置富余人员同培育农业社会化服务组织结合起来，为他们自主创业争取优惠政策；鼓励和引导富余人员创办经营实体，为他们从事经营性服务活动提供支持和帮助。

四、创新基层农业技术推广机制

（十）建立健全考评机制

县级农业部门要根据当地农业生产实际、农业技术推广岗位职责，确定对农业技术推广人员的考核内容和方式，建立健全科学的绩效考评机制和指标体系，强化农业技术推广人员的责任。要积极探索县级业务主管部门、乡镇政府、服务对象三方共同考核一线农业技术推广人员的新机制，将其工作量和进村入户推广技术的实绩作为主要考核指标，将农民群众的评价作为重要考核内容。同时，要改革分配制度，建立健全激励机制。要根据农业技术推广人员的岗位职责、工作业绩确定其工资报酬，确保将基层农业技术推广人员的浮动工资政策落到实处。农业技术推广人员的晋升晋级、续聘、辞退、公费参加培训和继续教育等要与考核结果挂钩。

（十一）积极创新推广方式

根据新阶段农业发展特点、农民需求变化和农业技术推广规律，积极推进农业技术推广方式创新，提高农业技术的到位率。要立足当地农业生产需求，遴选主导品种和主推技术，组装集成配套技术，搞好技术培训。大力实施农业科技入户工程，实行基层农业技术推广人员包村联户制度，逐步形成农业技术推广人员抓科技示范户、科技示范户带动普通农户的科技入户机制。要利用"12316"农业服务热线、"三电合一"等现代电子信息技术，推进农业技术推广现代化、信息化远程服务，及时为农民解惑答疑；利用农业科技示范场（基地、户），搞好新技术、新品种的展示示范；利用科技大集、科技下乡、科技流动服务车等，开展形式多样、内容丰富的农业技术推广活动。要加强与农业科研单位和大专院校的合作，依托其技术和人才优势，解决农业技术推广工作中遇到的技术难题，提高农业科技成果转化率。

五、促进农业技术社会化服务组织发展

（十二）积极培育多元推广主体

要按照构建多元化农业技术推广体系的总体目标，大力发展各类社会化农业技术服务组织，培育多元化农业技术推广主体，不断满足农民的多样化技术需求。鼓励和支持科研教育单位、涉农企业、农业产业化经营组织、农民合作经济组织、专业协会、技术团体等，开展技术承包、技术转让、技术培训、技物结合、技术咨询等服务。同时，要依据有关法律法规，强化农业技术服务的信用自律机制，规范经营性农技服务行为，推行职业资格准入制度。各类农业技术服务组织都要加强自律，坚持依法经营、诚信服务、公平竞争。为促进农业技术社会化服务组织发育，各级政府设立的重大农业科技成果转化项目，应实行项目招标制，公益性农业技术推广机构、科研单位、大专院校、各类农业技术服务组织都可以平等参与竞标。

（十三）大力发展经营性服务

积极稳妥地将农资供应、动物疾病诊疗、农产品加工及营销等服务，从基层公益性农业技术推广机构中分离出来，实行市场化运作。凡核心技术不易流失、利润高、市场需求量大的技术产品，应主要由农业技术经营服务组织去推广普及。鼓励其他经济实体依法进入农业技术服务行业和领域，参与经营性农业技术推广服务实体的基础设施投资、建设和运营。积极探索公益性农业技术服务的多种实现形式，鼓励各类技术服务组织参与公益性农业技术推广服务，对部分公益性服务项目可以采取政府订购的方式落实。

六、加强基层农业技术推广体系改革的组织领导

（十四）高度重视，主动协调

基层农业技术推广体系改革，政策性强、涉及面广、任务繁重。各级农业部门要按照《意见》要求，主动协调工作，切实履行职责。要把基层农业技术推广体系改革作为当前的重要任务，在当地党委和政府的统一领导下，组建专门工作班子，主要领导亲自抓，明确议事规则和决策机制。要加强与编制、人事、发展改革、财政、税务、科技、劳动保障等部门的沟通协调，争取支持，形成合力，共同推动。

（十五）深入调研，制定方案

省县两级农业部门要按照当地党委政府的统一部署和要求，深入开展调查研究，准确把握改革的重点、难点和关键环节，为政府制定改革方案提供决策依据。在制定改革方案过程中，要广泛听取意见，尤其要听取农业技术推广人员、基层干部和农民的意见。改革方案既要符合《意见》的基本要求，又要立足当地实际，积极探索创新；既要体现不同地域和行业特点，又要保持政策的一致性，确保可操作性。各地要在 2006 年 12 月底前将省级改革工作方案抄送农业部。已经和正在进行基层农业技术推广体系改革的地区，应当按照《意见》精神，进行必要的调整和完善工作。

（十六）精心实施，注重实效

基层农业技术推广体系改革关系到农业技术推广机构和农业技术推广人员的切身利益，必须处理好改革、创新和稳定的关系。各

级农业部门要密切关注改革动态，加强检查指导，及时研究新情况、解决新问题。要组织动员农业技术推广人员积极投身改革，找准新的定位，争取更大作为。改革中要保护好农业技术推广机构的设施设备，及时理顺工作关系，确保各项农业技术服务正常开展，务求改革达到预期目标。各地要在 2007 年底前基本完成改革任务，并将改革的总结报告抄送农业部。

2006 年 11 月 21 日

关于贯彻落实中央一号文件精神
加快农村科技创新创业的意见

关于印发贯彻落实中央一号文件精神加快
农村科技创新创业意见的通知
国科发农〔2012〕156 号

各省、自治区、直辖市、计划单列市科技厅（委、局），
新疆生产建设兵团科技局，国务院有关部门科技主管
单位：

为深入贯彻落实《中共中央国务院关于加快推进农
业科技创新持续增强农产品供给保障能力的若干意见》
（中发〔2012〕1 号）和中央农村工作会议精神，我部
研究提出了《关于贯彻落实中央一号文件精神加快农村
科技创新创业的意见》。现印发你们，请结合实际，认
真贯彻落实。

中华人民共和国科学技术部
二〇一二年三月二十七日

为深入贯彻落实《中共中央国务院关于加快推进农业科技创新
持续增强农产品供给保障能力的若干意见》（中发〔2012〕1 号）
精神，根据国务院办公厅关于落实中央一号文件有关政策措施分工
《通知》（国办函〔2012〕35 号）的具体要求，突出重点，加强统
筹，共同推动农业与农村科技工作，制定本意见。

一、组织实施农业科技重点专项

着眼长远发展，部署一批农业前沿技术和重大基础研究项目，
提高农业科技自主创新能力。围绕强科技保发展目标，联合农业

部、财政部等部门以及有关省（区），继续推进粮食丰产科技工程，保障国家粮食安全。面向产业需求，集成科技资源，组织实施节水农业、农村农业信息化、农机装备、农业生物药物、海洋农业、生物质能源、食品产业、村镇建设等科技重点专项，支撑现代农业，促进城乡协调发展。

二、启动实施种业科技创新行动

全面落实《国务院关于加快推进现代农作物种业发展的意见》（国发〔2011〕8号），组织实施"十二五"种业科技发展重点专项，大力支持农作物、林木、果树、花草、畜禽、水产等种业科技创新。继续实施转基因动植物新品种国家重大专项。加快国家南繁种业科技创新基地建设。积极推进种业产学研联合，构建以企业为主体的商业化育种新机制，建立新型种业科技创新体系。

三、深入推进科技特派员农村科技创业行动

启动科技特派员种业专项行动和农村流通领域科技特派员创业专项行动。依托国家农业科技园区，推进科技特派员农村科技创业基地建设。开展秦巴山区科技特派员扶贫团科技创业扶贫试点工作。积极开展国际科技特派员试点工作。

四、推进新型农村科技服务体系建设

会同教育部开展高校新农村发展研究院建设工作，引导高等学校成为公益性推广服务重要力量。积极支持高等学校、科研院所承担农技推广项目，激励和扶持优秀推广人才和推广团队建设。支持高等学校和科研院所与地方政府、基层农技部门、涉农企业、农村经济合作组织、农业大户联合共建农科教结合综合基地和农村科技服务站点。

五、加快国家农业高新技术示范区和国家农业科技园区建设

启动"一城两区百园"工程（简称121工程）建设，重点加强北京国家现代农业科技城、杨凌国家农业高新技术示范区、黄河三角洲国家现代农业科技示范区建设。各地要出台优惠政策，

积极推进不同特色和功能的国家农业科技园区以及省、部农业科技园区建设与发展。建立农业科技园区创新创业联盟，加快信息化科技服务平台建设，鼓励涉农生产力促进中心进入农业科技园区，服务发展农业中小型企业，建设园区现代农业新兴产业开发基地。

六、实施国家农村信息化示范省建设

联合中共中央组织部、工业和信息化部等部门和社会力量，积极推进国家农村信息化示范省建设，依托全国党员干部现代远程教育网等资源，搭建"三网融合"的信息服务快速通道，健全省级农村综合信息服务平台，推进基层的涉农信息服务站点和信息化示范村建设。联合创建国家农村信息服务网，以山东、湖南、安徽、河南、湖北、广东、重庆等七省市互联互通为基础，并逐步覆盖到其他省（市、区）。

七、深化农村科技管理改革

不断深化农业科研院所改革，建立健全现代院所制度。加强科技计划的顶层设计，强化国家目标需求和重大任务导向。改革农业科技立项方式，完善定向委托和自主选题相结合、稳定支持与适度竞争相结合的科研立项机制。推进农业领域以企业为主体的产业技术创新战略联盟建设，促进产学研结合。加强农业科技计划项目过程管理，进一步完善农村领域项目库建设，建立和完善项目绩效管理、信用管理和成果管理体系，不断完善农业科研分类评价机制。

八、持续加大农业科技投入

各类科技计划要向农业领域倾斜，加大财政投入力度，建立稳定增长的长效机制。创新投入方式，加大对农业基础研究和前沿技术研究的支持力度，给予农业领域科学家工作室、创新团队、重点实验室、工程技术研究中心以及试验站点等稳定支持。

九、强化农业科技创新平台建设

大力改善农业科技创新条件，统筹规划，共建共享，扩大农业领域国家重点实验室建设规模。加强农业领域国家工程技术研究中心建设。积极支持部门和地方重点实验室加大建设力度。加强农业野外科学观测实验站与试验示范基地、动植物种质资源、农业科技数据信息共享平台等建设。

十、培养农业科技人才队伍

实施创新人才推进计划，加快培养农业科技人才，重点培养农业科技领军人才和创新团队。完善农业科技人才激励机制和评价体系。加强农村实用科技人才培养，强化农民实用技术培训，做好农村发展带头人、农村技能服务型人才、农村生产经营型人才的培养与培训工作。

十一、推动农业科技与金融结合

要积极推进与金融机构的科技金融合作，积极引导金融信贷、风险投资等社会资金参与农业科技创新创业，支持金融加大对科技型农业企业与科技特派员下乡创业的信贷支持力度。引导商业银行对涉农科技型企业的信贷支持。制定政策措施，培育农业科技型企业进入不同层次资本市场融资。鼓励农业科技企业开展知识产权质押融资。稳步发展农业技术交易。

十二、扩大农业科技国际合作

进一步加强中美、中欧、中澳、中加及国际组织等农业科技合作。组织实施一批农业科技国际合作项目，建设一批国际农业科技合作基地，引进和培养高层次优秀科技人才。继续加强国外先进农业技术引进，鼓励与国际跨国涉农企业开展农业科技合作。实施农业科技走出去战略，支持建设境外农业试验示范基地。扩大我国农业科技的国际影响。

十三、增强基层科技能力建设

全面贯彻全国基层科技工作会议精神，切实加强基层科技工作。星火计划、火炬计划、农业科技成果转化资金、科技型中小企业技术创新基金等科技计划要加大对基层科技创新支持力度。推进科技富民强县专项行动计划，促进地方主导产业和特色产业发展。

发挥全国县（市）科技进步考核的导向作用，促进基层加强科技能力建设。

十四、加强农村科技的组织领导

各级科技管理部门要切实发挥在农村科技管理中的主体作用，加强组织领导，协调统筹，整合资源，形成合力，把各项政策措施落到实处，大力推进农村科技创新创业。要加强贯彻落实中央一号文件的监督检查力度，强化舆论宣传，为农村科技创新创业营造更加良好社会环境。

农业技术人员技术职务试行条例

职改字〔1986〕第21号

(1986年3月14日中央职称改革工作领导小组发布)

第一章 总 则

第一条 为了促进我国农业技术专门人才的成长，充分发挥广大农业技术人员为社会主义服务的积极性和创造性，建立一支素质好、结构合理的农业技术队伍，适应农业现代化的需要，根据中共中央和国务院关于实行专业技术职务聘任制度的文件，特制定本条例。

第二条 农业技术职务名称为：高级农艺师、农艺师、助理农艺师、农业技术员。高级农艺师为高级技术职务，农艺师为中级技术职务，助理农艺师和农业技术员为初级技术职务。

第三条 农业技术职务是根据农业技术工作的实际需要而设置的技术工作岗位，有明确的职责和任职条件。高、中、初级技术职务应有合理的结构比例，有规定的任期，在任职期间领取农业技术职务工资。

第二章 岗位职责

第四条 农业技术员的岗位职责：参与试验、示范等技术工作，承担试验、示范工作中的技术操作，并在技术推广中，指导生产人员按照技术操作要求进行操作；并正确地进行记载和整理技术资料。

第五条 助理农艺师的岗位职责：制定试验、示范和技术工作计划，组织并参与实施，对实施结果进行总结分析；指导生产人员掌握技术要点，解决生产中一般的技术问题；撰写调查报告和技术工作小结。

第六条 农艺师的岗位职责：负责制定本专业主管工作范围内的技术工作计划或规划，提出技术推广项目，制定技术措施；主持或参与科学试验及国内外新成果引进试验和新技术推广工作，解决生产中的技术问题，并对实验结果和推广效果进行分析，做出结论；撰写技术报告和工作总结；承担技术培训，指导、组织初级技术人员进行技术工作。

第七条 高级农艺师的岗位职责：负责制定本部门或本地区主管工作范围内的生产发展规划，从理论和实践上进行可行性分析、论证，并指导或组织实施；提出生产和科学技术上应采取的技术措施，解决生产中重大技术问题；审定科研、推广项目，主持或参与科学技术研究及成果鉴定；撰写具有较高水平的学术、技术报告和工作总结；承担技术培训，指导、培养中级技术人员。

第三章 任职条件

第八条 担任农业技术职务的农业技术人员，必须坚持四项基本原则，遵守宪法和法律，热爱社会主义祖国，热爱本职工作，工作积极，作风正派，努力为实现农业现代化贡献力量。

第九条 聘任或任命农业技术职务，必须以履行岗位职责的学术、技术水平，解决实际问题的能力和工作成就为主要依据。各级技术职务的任职条件应有学历要求。

第十条 农业大学专科毕业生和中等农业学校毕业生，见习1年期满；从事农业技术工作3年以上并取得农业中专毕业学历者，经考核评审，凡符合本条例第八条的要求，并初步掌握所学专业的基础理论知识和技术知识，能承担本专业一般的技术工作，完成工作任务，可聘任或任命为农业技术员。

第十一条 获得农业硕士学位研究生；高等农业院校本科毕业生，见习1年期满；农业大学专科毕业生，担任农业技术员工作2

年以上；担任农业技术员工作 4 年以上，经考核评审，凡符合本条例第八条的要求，并具备下列第一款及二、三款之一者，可聘任或任命为助理农艺师。

（一）能运用所学专业的基础理论知识和技术知识，结合当地农业生产情况，承担本专业技术工作；

（二）能向群众传授农业科学技术知识，进行一般的技术指导或技术咨询服务工作；

（三）能因地制宜地推广先进技术和科研成果，并设计一般实施方案，对本专业的一般技术工作进行总结分析，在工作中做出一定成绩。

第十二条 获得农业博士学位的研究生；获得农业硕士学位的研究生担任助理农艺师工作 2 年以上；农业大学本科、专科毕业生，担任助理农艺师工作 4 年以上；农业中专毕业生担任助理农艺师 5 年以上，并取得农业大专毕业学历者，经考核评审，凡符合本条例条八条的要求，并具备下列第一、五款及二、三、四款之一者，可聘任或任命为农艺师。

（一）能比较系统地掌握本专业基础理论知识和技术知识，独立承担本专业范围内的技术工作；

（二）了解本专业科学技术动态，能主持开展科学实验和群众性科学活动，及时引进推广先进技术、科研成果，在降低成本、提高生产率、增加经济效益等方面做出成绩；

（三）能结合生产实际情况制定技术工作计划、规划、并能发现生产及工作中的问题，进行分析和总结，在本专业技术工作或技术管理工作中做出了成绩；

（四）能对农业技术员、助理农艺师进行技术指导，承担本专业范围内初级技术人员的培训教学工作及开展本专业技术咨询服务工作；

（五）能阅读本专业一门外文书刊资料。

第十三条 获得农业博士学位的研究生，担任农艺师工作 2 年以上；获得农业硕士学位或具有农业本科毕业学历的农业技术人员，担任农艺师工作5年以上，经考核评审，凡符合本条例第八条的要求，并具备下列第一、五款及二、三、四款之一者，可聘任或任命为高级农艺师。

（一）具有系统、坚实的本学科基础理论知识和技术知识，在某一方面有较深的造诣，在学术上、技术上有独到见解，发表过有一定水平的论文和著作；

（二）能制定本地区或本专业生产发展规划和实施方案，研究设计新技术开发项目，并指导或主持实施，解决实施中的重大技术问题；

（三）能运用国内外先进科学技术，在较大范围内指导试验示范，在提高农业生产率和经济效益方面成绩显著；

（四）在传授科学技术知识或培养中级技术人才方面做出了较大的成绩；

（五）能较熟练地阅读本专业一门外文书刊资料。

第十四条 为了广开才路，不拘一格地选拔和使用人才，对确有真才实学，在农业科技工作中有发明创造，为国家做出突出贡献的技术人员，可不受本条例有关学历和晋升间隔年限的限制，经评审委员会考核评审，表明能胜任并能履行相应农业技术职务岗位职责者，根据工作需要，可破格聘任或任命相应的农业技术职务。

第四章　评审及聘任权限

第十五条 农牧渔业部指导全国农业技术职务的评审、聘任工作。各级农业技术职务的任职资格，需经相应的农业技术职务评审委员会评审认定，县级农业技术职务评审委员会负责评审助理农艺师、农业技术员；地（市）级农业技术职务评审委员会，负责评审农艺师；省、自治区、直辖市农业技术职务评审委员会负责评审高级农艺师。

第十六条 各级农业技术职务应根据本单位的技术工作需要和主管部门核定的合理结构比例、限额，在评审委员会评审符合相应条件的技术人员中聘任或任命。实行聘任制的，由单位行政领导与应聘人员签订聘约。实行任命制的，应按科技干部管理权限，办理任命手续。

聘任或任命期限一般不超过 5 年，根据工作需要，可以连聘、连任。在本单位或本地区继续聘任原职务，可不再进行任职条件评审，如聘任高一级技术职务，需经相应的评审委员会评审通过。

第五章　附　则

第十七条 本条例适用于直接从事农业技术、试验、示范、推广、培训、科技管理等工作的农业技术人员和畜牧兽医技术人员技术职务的评审和聘任。畜牧、兽医技术人员的技术职务名称分别为高级畜牧师、畜牧师、助理畜牧师、畜牧技术员；高级兽医师、兽医师、助理兽医师、兽医技术员。

第十八条 本条例的解释权在农牧渔业部。关于执行《农业技术人员技术职务试行条例》的实施意见，由农牧渔业部另行制定。

第十九条 本条例自发布之日起执行。各省、自治区、直辖市可结合本地的实际情况，制定贯彻执行本条例的实施细则。

适用农业科技成果办法（试行）

（1990年10月4日农业部发布）

第一条 为加速农业科技成果的转化，提高农业生产率，促进农业的持续稳定发展，根据国务院《关于依靠科技进步振兴农业，加强农业科技成果推广工作的决定》，特制定本办法（试行）。

第二条 具有科学性、先进性和实用性且适于大规模、大面积推广应用的下列农业科技成果和先进的适用技术，由农业部定期统一发布：

（一）新育成并经全国或省级品种审定委员会审定通过的农作物、家畜、家禽、蜂、蚕、水生动植物新品种；

（二）已获得部（省）级以上奖励的农、牧、渔、农机化、农村能源和农业环保等应用性技术成果；

（三）已通过部（省）级以上成果管理机构组织鉴定并经生产实践证明适用的引进国外的先进的农业技术。

第三条 适用农业科技成果发布内容包括：成果名称、第一完成单位、起止时间、成果的主要技术内容、生产性能指标、经济社会效益、适宜推广地区、应用条件、该成果通过鉴定（审定）的时间或获奖的时间、类别、等级等。

涉及科技保密的内容不予发布。

第四条 根据本办法第二条之规定，各省、自治区、直辖市农业部门和有关单位，通过各省、自治区、直辖市农业科技成果归口管理部门向农业部有关业务司（部直属系统直接向有关业务司）提供推荐材料并附具成果鉴定（审定）或获奖等有关证明。

推荐的适用农业科技成果，经有关业务司审查合格、部科学技术委员会常委会审核报部批准后在"中国农牧渔业报"上发布。

有关发布适用农业科技成果的具体协调工作由农业部科技司负责。

第五条 适用农业科技成果的推荐、审查、审核工作，必须实事求是，客观公正。一经发现成果不实，将登报公布废除。对弄虚作假的直接责任者应依照国家行政管理法规的规定，追究其责任。

第六条 各地农业主管部门和农业技术推广机构对发布的适用农业科技成果可结合当地实际情况组织选用推广。

第七条 推荐发布的成果需缴纳审查费。

第八条 各省、自治区、直辖市农业行政部门可参照本办法制定本地区的适用农业科技成果发布办法，并报部备案。

第九条 本办法由农业部负责解释。

第十条 本办法自发布之日起施行。

神农中华农业科技奖
奖励办法（试行)

农业部关于印发《神农中华农业科技奖
奖励办法（试行）》的通知
农科教发〔2006〕6 号

各省、自治区、直辖市农业（农牧、农林）、农机、畜牧、兽医、农垦、乡镇企业、水产厅（委、局、办），农业科学院，农业大学，新疆生产建设兵团农业局，部属有关单位：

为贯彻落实全国科技大会和全国农业科技创新大会精神，建立健全农业科技创新与应用体系，更好地发挥科技奖励在促进农业科技发展、推动行业科技进步中的激励和导向作用，规范农业科技奖励工作，现将《神农中华农业科技奖奖励办法（试行）》印发给你们，请遵照执行。

神农中华农业科技奖是经农业部、科技部批准设立的面向全国农业行业的综合性科学技术奖，是原农业部科技进步奖的继承和延伸，请各省（自治区、直辖市）农业行业主管部门和相关单位认真组织好申报和推荐工作，确保该项工作的顺利进行。

二〇〇六年十月十二日

第一章 总 则

第一条 神农中华农业科技奖（简称中华农业科技奖）是经农

业部、科技部批准设立的面向全国农业行业的综合性科学技术奖。主要奖励为我国农业科学技术进步和创新做出突出贡献的集体和个人。其目的是调动广大农业科技工作者的积极性和创造性，促进农业科技创新，提升产业技术水平，为我国农业和农村经济发展、社会主义新农村建设做贡献。

第二条　为做好中华农业科技奖奖励工作，根据《国家科学技术奖励条例》和《社会力量设立科学技术奖管理办法》，结合农业行业的实际情况，特制定本办法。

第三条　中华农业科技奖贯彻尊重知识、尊重人才的方针，鼓励原始创新、集成创新和引进消化吸收再创新。

第四条　中华农业科技奖的推荐、评审和授奖实行公正、公平、公开的原则，激励申报拥有自主知识产权的重大科技成果。

第五条　中华农业科技奖行政管理归口农业部科技教育司，中国农学会负责奖励评审工作。

第六条　中华农业科技奖获奖项目及成果，可作为相关人员评审职称、晋级职务、评选先进等主要参考依据之一。

第七条　中华农业科技奖获奖成果具有推荐国家科技奖的资格。二等奖以上的成果参加农业部推荐国家科技奖励项目的评审。

第二章　组织机构

第八条　神农中华农业科技奖奖励委员会是该奖的领导机构，主要职责是制定奖励政策、指导评审工作、审定授奖项目。名誉主任委员由农业部部长担任，主任委员由农业部主管科教的副部长担任，副主任委员由农业部科技教育司司长和中国农学会秘书长担任，委员由有关行政单位领导和科研教学单位专家组成。

第九条　神农中华农业科技奖评审委员会是该奖的评审机构，主要职责是按照公平、公正、公开原则，对申报项目进行评审。主任委员由中国农学会会长担任，副主任委员由资深院士专家担任，委员主要从农业部科技委委员和农业部高级专家库专家中产生。

第十条 神农中华农业科技奖奖励委员会办公室是该奖的日常办事机构，设在中国农学会。主要职责是组织申报、接受推荐、形式审查、组织评审、异议处理、公布结果等具体工作。

第三章 奖励范围、标准及等级

第十一条 中华农业科技奖的奖励范围

中华农业科技奖接受全国农业行业（农业、畜牧、兽医、水产、农垦、农机、农业工程、农产品加工等）及其它行业与农业相关项目的申报，奖励范围包括：

1. 科学研究成果

在农业科学研究与开发中取得对行业科技进步具有显著影响的科研成果。尤其在原始创新、集成创新、引进消化吸收再创新工作中，取得重大进展和突破，产生了重大经济效益、社会效益和生态效益，为促进产业技术水平提升、推动行业科技进步做出重要贡献。

2. 科普类成果

在农业科普活动中产生重要影响和显著社会效益的科普原创作品和编著作品。作品注重弘扬科学精神、普及科学知识、传播科学思想和方法，为提高公众科学文化素质具有重大影响力。

第十二条 中华农业科技奖评审的主要标准

1. 科学研究成果

成果具有显著的创新性，在学科和专业领域内取得了明显突破，解决了生产中关键性技术难题，对行业科技发展具有重要的指导作用和科学价值，产生了重大的经济效益、社会效益和生态效益。

2. 科普类成果

符合国家《出版管理条例》及《图书质量管理规定》、《电子出版物管理规定》所规定的相关要求，知识产权清晰，在选题内容或者表现形式、创作手法上有重要创新，作品具有通俗易懂、生动有趣的表现形式，可读性强，易于为大众所理解和接受；其普及面和阅读范围在国内同类科普作品中处于领先水平，产生了显著的社会效益，带动了相关领域后续科普作品创作，推动了我国科普作品创作事业的发展。

第十三条 中华农业科技奖奖励数量及等级

中华农业科技奖每年评奖一次，一等奖不超过 5 项，二等奖不超过 10 项，三等奖约 50 项。对有特大贡献、产生巨大效益和影响的农业科技成果，可视情况设立特等奖。

第十四条 为弘扬"学风正派、勇于创新、甘于奉献、团结协作"的科学精神，鼓励农业科技工作者的创新热情，中华农业科技奖每两年评选一次优秀创新团队。

第四章　申报条件与程序

第十五条 申报中华农业科技奖的成果应符合下列条件：

1. 属于中华农业科技奖奖励范围；

2. 不存在成果权属、完成单位和完成人等方面的争议；

3. 无重复报奖内容。

第十六条 凡已获得国家级科技奖励的项目或正在向国家申报科技奖励的项目，不得申报中华农业科技奖。

第十七条 申报、推荐中华农业科技奖应当提交下列相关材料：

1. 中华农业科技奖推荐书；

2. 省级行业管理部门出具的成果应用证明；

3. 由省部级认定的查新机构出具的查新检索报告；

4. 科普类成果，应提交原创作品或编撰作品，并提供作品的主要思想以及产生公众影响的证明材料；

5. 特殊类成果应提交相应的证明材料；

（1）技术发明类成果应提交国家发明专利证书或专利申请初步审查合格通知书；

（2）动植物育种类成果应按有关法律法规规定提交品种审定证书，已列入国务院行政部门公布的《植物新品种保护名录》的植物育种成果应提交品种权证书或初审合格证明；

（3）肥料、土壤调节剂应提交肥料登记证书或临时登记证书，农药、植物生长调节剂应提交农药登记证书或临时登记证书；

（4）兽药应提交新兽药注册证书或兽药生产许可证书，饲料、饲料添加剂应提交饲料或饲料添加剂生产许可证书；

（5）转基因产品及转基因获得的生物品种、制品应提交政府有关部门出具的转基因生物安全批准文件。

第十八条 申报项目主要完成人，是指对该项目的完成做出创造性具有实际贡献的主要人员。主要完成人应至少具备下列条件之一：

1. 提出总体学术思想、研究方案、技术路线或重要创新点；

2. 在研制过程中直接参与并解决了关键学术疑难问题或实验、技术难点；

3. 在研究方法、手段的提出以及重要基础数据的收集和综合分析等方面有主要贡献者；

4. 参与并解决在投产、应用过程中的重要难点或关键技术问题；

5. 在成果完成期内，至少有三分之一以上的时间坚持在本项目的科研第一线工作；

6. 提出科普作品的主创思想并直接参与作品的完成。

第十九条 推荐各等级奖励的主要完成人限额为：一等奖20人，二等奖15人，三等奖10人。

第二十条 推荐项目主要完成单位是指在该项目研制、投产、应用的过程中进行组织并提供技术、人员、设备等条件，对项目的完成起到重要作用的单位。

第二十一条 推荐各等级奖励主要完成单位限额为：一等奖 10 个，二等奖 7 个，三等奖 5 个。

第二十二条 多个单位共同协作完成的科技成果，由成果第一完成单位按要求进行申报。

第二十三条 中华农业科技奖推荐单位

1. 各省、自治区、直辖市农业、农机、畜牧、兽医、农垦、乡镇企业、水产厅（局、委、办），新疆生产建设兵团农业局，负责本辖区、本行业申报项目的统一推荐工作。各省农学会要积极配合做好此项工作；

2. 农业部直属单位及国家非农业系统有关科研教学单位，可直接向奖励委员会办公室推荐申报项目；

3. 鼓励全国性学会、行业协会向奖励委员会办公室推荐申报项目；

4. 鼓励港、澳、台地区的相关组织向奖励委员会办公室推荐申报项目。

第二十四条 中华农业科技奖的申报程序

1. 申报单位将申报项目资料报推荐单位；

2. 推荐单位对申报项目进行形式审查，并组织专家进行初评。各省农业行政部门可委托相关单位负责具体工作；

3. 通过初评的申报项目由推荐单位统一向中华农业科技奖奖励委员会办公室进行推荐。

第五章 评审与授奖

第二十五条 评审

中华农业科技奖采用形式审查、评审委员会评审、奖励委员会审定的方式进行评审。

1. 奖励委员会办公室负责申报项目的形式审查；

2. 评审委员会负责申报项目的评审工作；

3. 获奖项目在有关媒体进行公示，奖励委员会办公室接受异议并负责处理；

4. 奖励委员会对无异议的获奖项目进行审定并公告。

第二十六条 授奖

奖励委员会对获奖项目进行表彰。

第六章 异议及处理

第二十七条 自公示之日起一个月内，接受异议投诉。单位异议要加盖公章，个人异议要署真名。

第二十八条 奖励委员会办公室负责处理获奖项目异议。

第七章 罚 则

第二十九条 对已获奖的项目，如发现违反奖励条件、有弄虚作假或剽窃他人成果者，经查明属实，将撤消其奖励、收回奖励证书并向社会公告，取消三年申报资格。

第八章 附 则

第三十条 中华农业科技奖接受国内外各有关单位和个人的捐赠和赞助。

第三十一条 本办法由中华农业科技奖奖励委员会负责解释。

第三十二条 本办法自科技部批准设立登记之日起试行。

农业科技开发工作管理办法

（1992 年 6 月 20 日农业部发布）

第一章 总 则

第一条 为促进科技成果转化为生产力，加强对农业科技开发工作的管理，根据国家有关法规和政策，针对农业科技开发的特点，制定本办法。

第二条 本办法适用于各级农业科研院（所）、高、中等农业院校和各级技术推广单位等农业科研、教育、推广机构（以下简称科教机构）的科技开发工作。

第三条 本办法所称农业科技开发是指科教机构将科技成果转化为生产力过程中的有偿服务、生产和经营活动。

第四条 农业科技开发工作，以应用本单位的科技成果、技术、人才为主，亦可引进先进、成熟技术（含科学知识、技术信息和方法）消化吸收后进行开发。科技开发以促进农村经济发展、提高社会效益为主要目的，同时，兼顾本单位的经济效益，以增强科教机构的实力、活力和自我发展能力。

第五条 农业科技开发工作，必须遵守国家有关的法律、法规和政策。对涉及保密和国家安全的，应按国家有关规定办理。

第六条 各级政府农业行政主管部门，应鼓励和支持科技开发，根据当地实际情况会同有关部门制定相应政策，协助疏通科技开发所需资金与物资渠道，协助落实各项优惠政策。对农业科教机构申请生产、经营自己培育、引进并经过审定的试验成功的优良品种种子、疫苗，凡符合条件的应发给许可证。

第二章 农业科技开发
工作的管理

第七条 农业科技开发工作要实行技术合同管理，按照《中华人民共和国技术合同法》规定签订合同，明确科技开发的形式、技术经济标的、权利、义务、债权、债务等。技术合同当事人双方认为有必要进行鉴证和公证的，可向技术供方所在地有关部门提出申请。农业科技开发的技术合同，须向技术合同登记机构办理登记手续。

第八条 农业科教机构依法持有（所有）的科技成果，由单位组织开发，任何个人进行开发或转让时，必须经本单位授权。

第九条 农业科技开发项目的经费收支，按财务制度分项核算，按有关政策规定提取奖、酬金，并接受财务监督和审计。

第十条 农业科教机构可根据需要和条件，设立科技开发管理机构，组织和管理本单位的科技开发工作。

第十一条 农业科教机构要注重科技开发、经营人才的培育，通过人才流动或培训，逐步建立一支有技术、会管理、善经营的技术开发、经营队伍，在专业技术职务评聘中应主要根据科技成果转化的经济效益和实绩。

第三章 农业科技开发的
主要内容和形式

第十二条 农业科技开发主要包括下列方面：

（一）为各级政府农业科技攻关、工程建设、技术改造、技术引进等工作的决策提供技术咨询或解决技术关键；

（二）按有关规定生产和经营各种粮食作物、经济作物、畜、禽、鱼、果树、蔬菜、食用菌、花卉等种子、种苗、种畜、种禽，以及农副产品贮藏、保鲜、加工装备及其产品；

（三）各种饲料（饵料）、肥料、农药、兽药、疫苗，诊断液等技术配方、使用技术及其产品的开发经营（疫苗限省级以上农科院（所）和高等农业院校自己研制的产品）；

（四）接受有关部门委托进行新品种、新材料等的计量、测试、化验、分析、鉴定，以及接受委托研究、规划设计或新产品的技术开发；

（五）结合农业技术推广工作，经营相关的化肥、农药、农膜、农机具等农业生产资料；

（六）为有关部门和生产单位提供农业技术经济信息，进行情报和检索服务，新技术资料的翻译与整理以及计算机的开发应用服务等；

（七）接受有关部门和生产单位委托进行技术培训等；

（八）根据本单位优势和其他有利条件开展的其他科技开发工作。

第十三条　农业科技开发的形式主要有：技术转让、技术咨询、技术服务、技术承包、技术入股联营、兴办技术经济实体、建立科研生产联合体、组织技术开发集团等。

第四章　农业科技开发的费用、收入分配和税收

第十四条　农业技术及其开发产品的价格除国家规定的价格外，实行市场调节，技术交易双方可根据技术研究开发成本、难易程度、应用后的社会经济效益、使用期限以及分享成果的权利和承

担的风险责任等因素议定，支付方式由双方商定。

第十五条 农业科技开发应按照国家科委、财政部颁发的《科研单位会计制度》和经济核算制的规定，进行成本核算。

第十六条 农业科技开发收入在扣除成本后，即可按规定提取酬金，但从农业研究开发周期长、社会效益大而本单位直接收入较低的实际情况出发，酬金比例可提高到 30% 左右。对在老、少、边、穷地区进行的扶持性质的科技开发、政策上应给予优惠，适当提高酬金比例。

第十七条 农业科教机构科技开发的收入、税前提取奖励酬金，计入成本，其余部分应纳入单位预算外收入，其中以不低于 40% 的比例建立科技发展基金，其余再作为集体福利基金和职工奖励基金。

第十八条 对在科技开发中取得突出成绩的科技人员，应予以重奖。

第五章 附 则

第十九条 农业科教机构建立的科技开发经营实体，须向工商行政管理部门申请登记，领取营业执照。

第二十条 本办法由农业部负责解释。

第二十一条 本办法自 1992 年 8 月 1 日起施行。1990 年 11 月 16 日农业部发布的《农业科研机构科技开发工作管理办法》（试行）同时废止。

附 录

农业部办公厅关于国家农业科技创新与集成示范基地建设的意见

农办发〔2014〕34号

各省、自治区、直辖市及计划单列市农业（农牧、农村经济）厅（委、办、局），中国农业科学院、中国水产科学研究院、中国热带农业科学院，有关单位：

为贯彻落实党的十八大、十八届三中全会和中央农村工作会议、全国农业工作会议精神，深入实施创新驱动发展战略，积极探索建立科技与生产紧密结合的长效机制，推动农业科技创新、新型职业农民培育和美丽乡村创建三大工程的有效实施，促进农业科技成果的快速转化应用，切实保障国家粮食安全、农产品有效供给和质量安全，现就国家农业科技创新与集成示范基地（以下简称"创新基地"）建设工作提出以下意见。

一、充分认识建设创新基地的重要意义

（一）建设创新基地是充分发挥科技资源聚集优势，支撑区域现代农业发展的重要手段

建立创新基地可以搭建起政府与农业科教单位、推广单位以及各类农业企业、专业合作社、家庭农场、农业社会化服务体系等新型经营主体协同攻关、合力推广的工作平台，是"体系工作法"在基层一线实践的具体体现，可以有效促进产学研用协同发展，提高对区域现代农业发展的服务能力，加快区域农业结构的转型升级，

全面提升农业科技支撑引领产业发展水平。

（二）建设创新基地是推进农业科技体制和机制创新的重要探索

建立特色鲜明的创新基地，可以引导优势农业科教单位和专家学者走出象牙塔，深入生产一线，及时发现产业发展中面临的实际问题，使农业科研更有针对性，科研成果更符合生产需求和使用习惯，更便于农业科技成果的转化应用，这对于促进农业科研和成果转化体制机制创新，破解长期制约农业科研成果转化率低的难题具有重要意义。

（三）建设创新基地是培育新型职业农民和推动美丽乡村发展的重要支撑

根据各类新型经营主体的需求，在创新基地开展研究、集成、示范和培训，对于提高其产品竞争力乃至生产经营水平具有重要作用，有利于培育一大批有文化、懂技术、会经营的新型职业农民，进而辐射带动提高当地农民科学种田、规模养殖水平。以创新基地为依托，既可以传播现代农业生产发展需要的科技成果，促进当地农业产业升级，又可以发展农村社会文化事业、继承发扬当地农耕文化，带动农村生活水平的提升，促进美丽乡村的建设和发展。

二、准确把握创新基地建设目标和建设原则

（四）建设目标

1. 要通过整合农业科教环能资源，积极推动农业科技体制机制创新，加强农业科技创新、技术集成示范、技术推广服务、新型职业农民培育等工作的统筹衔接，逐步实现"发现问题–研究问题–集成应用–解决问题–发现新问题"的螺旋式上升科研路径，促进科研、教育、推广一体化协同发展。

2. 以区域主导产业和农村经济发展实际需求为导向，逐步将创新基地建设成为科技支撑能力强、农业经营形态先进、不同产业之间有机衔接、可持续发展特点突出的现代农业先导区和示范区。力争到"十三五"末，把创新基地建成科学研究试验田、技术示范样板田、职业农民观摩田、生态农业模式田和农业决策参考田。

（五）建设原则

1. 顶层设计、系统规划。根据当地资源禀赋和产业基础，合理确立当地主导产业和经营形态，并通过制定创新基地发展规划，将基地的建设和发展纳入规范化和法制化轨道。

2. 立足存量、培育特色。要重点依托现有农业试验示范基地、新型职业农民培育基地、美丽乡村创建等已有资源，充分发挥政策引导和市场机制的作用，通过填平补齐，扬长避短，将创新基地建成综合为主、各具特色的长久性基地。

3. 创新机制、自我发展。充分发挥市场配置资源的决定性作用，建立全社会、多部门、广渠道支持创新基地发展的良性互动机制，积极推进创新基地技术研发、成果转化、技术服务有序链式发展，加快形成基地自我发展的内生动力机制。

三、切实抓好创新基地重点建设任务

（六）编制建设规划

每个创新基地要根据国家或区域产业技术发展需求和自身功能定位，制定到"十三五"末的建设发展规划。规划要明确创新基地建设目标和重点任务，确定资源整合方向、示范推广规模，人员培训模式、技术服务重点、组织管理方式、工作推进步骤等具体建设内容，促进创新基地健康有序快速发展。

（七）制定管理办法

每个创新基地要根据本指导意见，分别制定管理办法。管理办法要明确创新基地建设指导思想、基本原则、组织架构、职责功能、过程监督、绩效评价、动态管理等内容。

（八）组建专家团队

根据创新基地建设规划，组建一支由农业行政、科技创新、农技推广、农业企业等人员共同参与的专家团队，确定首席专家，明确任务分工，对创新基地产业发展、科技自主创新、技术集成示范、新型职业农民培育、节能环保技术推广、美丽乡村建设等相关工作统筹谋划和系统安排，经常性开展技术指导服务工作。

（九）集成示范技术

根据创新基地服务农业农村经济发展和美丽乡乡村建设的现实需求，系统梳理现有科技成果，集成组装一批先进实用技术，在创新基地进行规模示范，并通过开展职业农民培训和技术转移应用，加快解决当前农业农村经济发展中急需解决的科技问题，引导美丽乡村建设。

（十）培育新型职业农民

创新基地要将新型职业农民培育工作纳入系统规划，将农民的科技需求与创新基地的科研和推广计划进行有机结合，以实效为目的，探索建立新型职业农民培育机制。要通过举办技术培训班、示范现场观摩会等多种方式，对职业农民进行分区域、分层次、分专业、分时节的科技培训和技术指导，探索建立一套完整的培育机制，加快培育一批新型职业农民，树立一批标杆。

（十一）无缝对接技术用户

创新基地无论在科研还是推广服务层面，都要加强与农业企业、专业合作社、家庭农场、社会化服务组织等农业技术应用主体的联合协作，建立良好的技术需求征集和研发成果反馈机制。一方面，要通过技术应用主体的实际需求提高科研针对性，另一方面要通过技术应用主体的市场运作机制提高科技成果转化速度和效率，带动区域产业发展，促进农民增收，实现互利共赢。

（十二）建设完善信息体系

创新基地要立足自身和本地实际加强农业科技创新与推广服务信息化建设，既要建立基于创新资源共享的信息服务平台，也要建立基于成果转化应用的推广信息服务网络，全面提升农业科技自主创新和基层农技推广服务效能。在信息化建设中，要注重与12316信息系统和农技推广云平台的有效衔接，处理好公益与市场、服务与管理、快捷与安全的关系，确保信息到村、培训在线、服务到人、技术到田。

四、建立健全创新基地运行机制

（十三）建立以产业需求为导向、政府择优委托的科研选题机制

农业部和地方农业行政部门组织各建设单位开展科技需求调研，明确科研目标，确定重点任务，制定建设规划，合力解决产业发展瓶颈问题。

（十四）建立以首席专家为创新基地主要负责人的业务指导机制

农业部和地方农业行政部门根据创新基地发展需要，以主体建设单位为主，确定创新基地首席专家。首席专家负责创新基地的科研示范、人员培训和技术推广应用工作的总体安排和业务指导。

（十五）建立以"政府+基地+专家（农技员）+企业（新型经营主体）+农民"模式为主的农技推广服务机制

要切实将农民需要的技术在创新基地进行熟化、集成和试验示范，由科技专家或基层农技员推广到企业、专业合作社、家庭农场等新型经营主体，进而辐射到广大普通农民。

（十六）建立以支撑产业发展

促进农民增收为主要评价指标的绩效管理机制。制定创新基地绩效管理办法，将其对产业发展和农民增收的促进作用作为主要考核指标，科学量化，并做到奖罚分明，引导创新基地各建设单位和人员全心全意为产业服务、为农民服务。

（十七）建立以政府引导性支持和社会多元化投入相结合的自我发展机制

农业部和地方农业部门要在创新基地建设政策上给予更多支持，组织相关项目向创新基地倾斜，并提供必要的人才支持。创新基地应不断强化制度创新、科技创新、成果转化和推广服务创新，积极吸引金融信贷、风险投资等社会资金投入创新基地建设。

五、多举措保障创新基地健康持续发展

（十八）加强组织领导

农业部对创新基地建设工作进行总体布局和统筹协调，制定绩

效管理办法，会同有关部门进行政策指导和绩效管理；各省级农业主管部门负责区域内创新基地建设的规划布局，确定首席专家，协调各方支持，对创新基地进行指导管理；各创新基地主体建设单位负责组建专家团队，落实建设要求，完成规划任务。各地区、各部门要进一步统一思想，深刻认识创新基地建设的重要性和紧迫性，因地制宜制定管理办法。各级农业部门要充分调动本区域广大农业科教、推广、企事业单位的积极性和主动性，按照创新基地建设思路，自主开展省市级农业科技创新与集成示范基地建设工作，合力推动科技创新与推广事业健康发展。

（十九）强化项目资金扶持

农业部要统筹项目资金、人才等要素向创新基地倾斜，积极协调有关部门在农业生产、质量保障、信息服务、市场建设等方面给予政策扶持，切实提高创新基地的示范带动能力和效率。各地农业主管部门应积极协调争取推动当地人民政府根据实际情况和条件，给予创新基地建设必要的基础条件、政策和资金扶持。

（二十）健全管理制度

各级农业部门要牢固树立产业导向、自主创新、应用为本的理念，健全管理制度，切实着眼主导产业发展需要，组织开展科技自主创新，强化职业农民培育，完善农技推广体系，加强成果的总结、发布与宣传推广。各创新基地建设主体，要配备专职管理人员，落实管理责任，加大经费投入。要在创新基地绩效指标体系引导下，将创新基地建设质量和运行成效与相关农业科技类、资源环保类和农村能源类项目的绩效考评进行有机衔接，建立退出机制，切实保证创新基地发挥其应有功能，并取得实效。

农业部办公厅

2014 年 8 月 20 日

全国农业科技入户示范工程
管理办法（试行）

关于印发《全国农业科技入户示范工程
管理办法（试行）》的通知
农办科〔2005〕40号

各省、自治区、直辖市及计划单列市农业（农牧、农林）、农机、畜牧、农垦、渔业厅（委、局、办），新疆生产建设兵团农业局：

为深入贯彻落实中央一号文件精神，扎实推进全国农业科技入户工作，规范科技入户工程项目管理，加强科技入户工作制度建设，我部在认真总结科技入户工程试点经验基础上，根据《关于推进农业科技入户工作的意见》（农科教发〔2004〕8号）精神，研究制定了《全国农业科技入户示范工程管理办法（试行）》，现印发给你们，请结合本地实际，认真贯彻执行。

农业部办公厅
二〇〇五年九月二十七日

第一章 总 则

第一条 为加强全国农业科技入户示范工程（以下简称"科技入户工程"）管理，根据农业部《关于推进农业科技入户工作的意见》和国家专项资金管理的有关规定，制订本办法。

第二条 科技入户工程按照"工作措施到村、上下联动抓户"的要求，坚持统筹规划、突出重点、规范管理、注重实效、创新机制、开放运行的原则，采取政府组织、专家负责、科技人员包户的管理形式和以县为主的管理方法。

第二章　项目申报

第三条　农业部根据科技入户工程规划，每年定期发布项目申报指南。省级农业行政主管部门（包括计划单列的农机、畜牧、农垦、渔业等行业主管部门，以下同）根据项目申报指南组织项目申报。

第四条　科技入户工程以项目县（农垦分局）为实施主体。申报项目县应具备以下条件：

（一）国家优势农产品区域内的农业生产大县；

（二）当地政府高度重视农业科技推广工作；

（三）农业技术推广队伍健全，技术实力较强，具有实施科技入户工程的基础和条件。

第五条　县级农业行政主管部门按要求进行项目申报，省级农业行政主管部门负责审核，报农业部审批。

第三章　技术指导单位与技术指导员

第六条　科技入户工程的技术指导工作实行技术指导单位负责制。技术指导单位由县级农业行政主管部门在农业技术推广、科研、教学、企业、协会等单位中公开招聘产生。

第七条　技术指导单位应具备以下条件：

（一）积极支持农业科技入户工作；

（二）拥有一支专业技术水平较高、实践经验丰富的科技人员队伍；

（三）具备开展技术服务与培训条件；

（四）社会信誉良好，管理规范。

第八条　技术指导单位在县级农业行政主管部门领导下负责技术指导和技术指导员的管理工作，定期对技术指导员进行培训，参与科技入户工程绩效评价。

第九条　科技入户工程实行技术指导员包户责任制。技术指导员由技术指导单位根据科技入户工程任务面向社会公开招聘。技术指导员应具备以下条件：

（一）具有较高的农村政策理论水平和农业技术水平；

（二）熟悉农业技术推广工作，具有丰富的实践经验，在规定时间内取得农业技术指导员资格证书；

（三）具有较强的工作责任心和奉献精神；

（四）熟悉农民的基本情况和技术需求；

（五）身体健康，能承担20个左右科技示范户的技术指导任务。

第十条　技术指导员在技术指导单位的组织领导下，根据本县科技入户工程实施方案，结合科技示范户实际情况，制定分户技术指导方案；指导科技示范户应用、推广新技术、新品种；开展科技示范户培训，提高科技示范户学习接受能力、自我发展能力和辐射带动能力。

第四章　科技示范户

第十一条　科技示范户的遴选坚持公开、公平、公正和自愿的原则。科技示范户应具备以下条件：

（一）热爱农业，立志务农；

（二）家庭常年从事种养业劳动力在2人（含）以上，其中至少有1人文化程度在初中（含）以上；

（三）生产经营规模较大，种养水平较高；

（四）拥护党在农村的方针政策，明礼诚信，遵纪守法，群众公认，乐于帮助和带动周边农户依靠科技发展生产。

在同等条件下，优先选择农民技术员、各类科技推广项目示范户、种养大户、《绿色证书》和《跨世纪青年农民科技培训证书》获得者。对某些方面表现突出的农户，可适当放宽条件限制。

第十二条　科技示范户的遴选遵循以下程序：

（一）在遴选示范户的村公布示范户遴选条件、程序和时间；

（二）由具备相应条件的农户自愿申请；

（三）村民委员会择优推荐，经乡（镇）政府同意，在本村范围内公示 3 天后，报县级农业行政主管部门；

（四）县级农业行政主管部门在技术指导单位配合下，对上报名单进行考察、确认，并报省级农业行政主管部门备案。

第十三条 科技示范户享受以下权利：

（一）要求技术指导单位和技术指导员及时提供技术和信息咨询服务；

（二）参加技术指导单位举办的科技培训，无偿获得有关技术资料；

（三）接受技术指导员有关农业生产技术指导、服务；

（四）参与技术指导员工作绩效评价；

（五）在规定范围内享受科技入户工程物化技术补贴。

第十四条 科技示范户承担以下责任：

（一）积极参加科技培训，带头使用新技术，提高科技素质和生产水平；

（二）带动周边 20 个左右的农户，积极传授科学技术和生产经验；

（三）提供必要的科技示范条件，支持技术指导员做好技术示范推广工作；

（四）履行技术服务合同，按要求填写《科技示范户手册》，及时准确提供生产和技术指导服务的有关信息。

第五章 专家组与专家

第十五条 科技入户工程实行技术工作首席专家负责制。农业部、省级和县级农业行政主管部门分别设立科技入户工程专家组（以下简称"专家组"），专家组在同级农业行政主管部门领导下开展工作，下级专家组接受上级专家组的业务指导。

第十六条 农业部专家组负责制定年度科技入户工程相关行业领域的技术实施方案；审议全国农业主导品种和主推技术；审核省级行业技术指导方案；指导、监督、检查省级和县级专家组工作；参与科技入户工程绩效评价。

第十七条 省级和县级专家组分别负责制定本级科技入户工程实施方案，筛选本省、本县主导品种和主推技术，指导、检查、督促技术指导员开展工作，参与科技入户工程绩效评价和工作总结。省级专家组负责审核县级科技入户工程实施方案，县级专家组负责审核技术指导员分户技术指导方案。

第十八条 各级专家组按学科领域设立首席专家，首席专家在专家组的指导下，制定本行业科技入户工程的技术指导方案，参与制定科技入户工程实施方案，指导本行业科技入户工作。

第六章 组织管理

第十九条 农业部建立科技入户工作联席会议制度。联席会议负责科技入户工程的综合协调、政策研究、资金落实和督导检查。省级和县级农业行政主管部门根据农业部的统一部署，组织实施科技入户工程。

第二十条 科技入户工程实行技术合同管理。县级农业行政主管部门与技术指导单位、技术指导单位与技术指导员、技术指导员与科技示范户之间分别签订技术服务合同，明确双方的责任、权利、义务。

第二十一条 建立全国科技入户工程信息网络。农业部负责编制数据库软件、数据库；技术指导单位、技术指导员负责采集科技入户工程和科技示范户信息；县级专家组负责核实、录入；逐步实现全国科技入户工程网络化管理。

第七章 资金使用与管理

第二十二条 国家财政安排专项资金实施科技入户工程。鼓励地方匹配资金，安排工作经费，加大科技入户工程的实施力度。

第二十三条 项目资金主要用于三个方面：

（一）科技示范户补贴：用于科技示范户的示范条件和物化技术补贴。

（二）技术服务补贴：用于技术指导员开展技术服务的差旅、通讯、资料、下乡补助等。

（三）培训和项目监管补贴：用于技术指导员和科技示范户的科技培训，编印培训资料；区域内主导品种、主推技术的遴选；建立核心示范区；项目监管、调研、宣传等。

第二十四条 建立科技入户工程项目资金使用公示制度。各级农业部门均不得以任何理由挪用项目资金。科技示范户、技术指导员的任务指标、经费补助标准、补贴到位时间等信息都纳入数据库管理，并及时向社会公示，接受公众监督。项目资金管理办法另行制定。

第八章 绩效评价与监督

第二十五条 建立科技入户工程绩效评价机制。绩效评价工作按照科学、规范、公正和注重实效的原则，由省级农业行政主管部门统一组织实施，每年一次。

第二十六条 绩效评价工作以项目县为单位开展，由县级农业行政主管部门具体负责。县级农业行政主管部门完成年度绩效评价工作后，写出绩效评价报告报省级农业行政主管部门。

第二十七条 省级农业行政主管部门对项目县绩效评价工作进行检查验收，在11月底以前向农业部提交本省科技入户工程年度绩效评价报告。

第二十八条 农业部对省级科技入户工程绩效评价结果进行抽查。

第二十九条 建立科技入户工程奖惩机制。根据各地绩效评价结果，实行项目滚动管理，对绩效不明显的项目县及时淘汰；对绩效突出的技术指导单位、专家、技术指导员、科技示范户给予表彰和奖励。

第三十条 科技入户工程接受社会监督。农业部、省级和县级农业行政主管部门对工程实施中的有关信息,除需保密外,均向社会公开。

第九章 附 则

第三十一条 本办法自发布之日起施行。

农业科技入户项目资金管理暂行办法

农业部关于印发《农业科技入户项目资金
管理暂行办法》的通知
农财发〔2005〕70号

各省(自治区、直辖市)农业(农牧、畜牧、农林、水产)厅(委、局、办)、新疆生产建设兵团有关局、各有关单位:

为加强农业科技入户项目资金的使用和管理工作,提高资金使用效益,根据《农业部财政项目支出管理暂行办法》(农财发〔2002〕36号)的规定,我部制定了《农业科技入户项目资金管理暂行办法》。现印发给你们,请遵照执行。执行中有何问题,请及时反映。

二○○五年十月九日

第一章 总 则

第一条 为规范农业科技入户项目资金(以下简称"项目资金")管理,提高资金使用效益,根据农业财政专项资金管理的有关规定,制订本办法。

第二条 项目资金管理坚持"分级管理,分级负责;明确用途,专款专用;农民受益,注重实效"的原则。

第三条 项目资金优先支持优势农产品和优势产区。鼓励地方匹配资金,安排工作经费,加大科技入户工程的实施力度。

第二章 资金安排

第四条 农业部根据全国科技入户工程规划,发布项目指南,分年度确定项目实施的领域、规模和任务。省农业行政主管部门根据项目指南，择优选择项目实施示范县（以下简称"示范县"），安排项目实施任务。示范县结合当地实际，编制项目实施方案，并提出资金预算申请。各示范县项目实施方案和资金预算经省农业行政主管部门审核汇总后，报农业部。

第五条 农业部对各省申报的项目实施方案和资金申请进行审核和批复。经农业部批复的项目实施方案和资金使用计划，示范县不得擅自变更、调整。如确需调整，应按原申报程序报批。

第六条 各省、示范县应按农业部批复下达的计划，认真组织实施，落实各项任务。

第三章 资金使用

第七条 项目资金按照国家财政资金拨付有关要求，直接拨付到项目承担单位。

第八条 项目资金主要用于以下三个方面：

（一）科技示范户补贴：用于科技示范户的示范条件建设补贴和采用新品种、新技术过程中物化技术的补贴。科技示范户补贴占总项目资金的比例不低于40%。

（二）技术服务补贴：用于技术指导员开展技术服务的差旅费、通讯费、下乡补助等。技术服务补贴占总项目资金的比例不低于40%。

（三）培训和项目监管补贴：用于技术指导员和科技示范户的科技培训，区域内主导品种、主推技术的遴选，建立核心示范区，编印培训资料，项目专家组工作和监管、调研、宣传等。培训和项目监管补贴占总项目资金的比例不超过20%。

第九条 科技示范户补贴由科技示范户按照一定补贴额度提交合法支出凭证，经技术指导员审核，在项目承担单位报账，再由技术指导员兑现到每个科技示范户。

第十条 技术服务补贴主要是对技术指导员开展的技术服务工

作给予补贴，可以技术指导券的形式发给科技示范户，科技示范户得到技术服务后在技术指导券上签字认可，交技术指导员，经项目承担单位审核后，发放给技术指导员技术服务补贴。

第十一条 项目承担单位应建立科技示范户、技术服务补贴资金支出的原始记录档案。

第四章 资金管理与监督

第十二条 农业部负责项目资金的预算、审核、拨付和检查。省农业行政主管部门负责本省项目资金的监管。项目承担单位严格执行国家有关财经政策和财务规章制度，专款专用，按照项目实施方案、合同任务和项目管理的规定，科学、合理、有效地使用项目资金。

第十三条 建立项目资金使用公示制度。将科技示范户、技术指导员的任务指标、经费补助标准等信息纳入数据库管理，并及时向社会公开，接受社会监督。

第十四条 县级农业行政主管部门与技术指导单位、技术指导单位与技术指导员、技术指导员与示范户之间分别签订技术服务合同，明确双方的责、权、利。合同内容、支出凭证、绩效证明等材料是项目资金使用检查监督的依据。

第十五条 建立项目信息反馈制度。各级农业行政主管部门要加强对项目资金的管理，及时掌握资金到位、使用和项目进展情况，发现问题，及时纠正，保障项目的顺利实施。

第十六条 对挪用、虚领、套取、贪污项目资金的行为，依法追究相关单位和直接责任人的法律责任。

第五章 附 则

第十七条 本办法由农业部负责解释。

第十八条 本办法自发布之日起施行。

农业科技示范场项目实施管理暂行办法

农业部关于印发《农业科技示范场项目实施
管理暂行办法》的通知
农财发〔2001〕3 号

各省、自治区、直辖市农业（畜牧、水产、农机）厅
（委、局）：

为了搞好农业科技示范场的建设，中央财政安排了乡镇农业科技示范场补贴经费。为管好用好此项经费，我们制定了《农业科技示范场项目实施管理暂行办法》，现印发给你们，请遵照执行。

2001 年 4 月 9 日

第一章　总　则

第一条　为贯彻落实《中共中央国务院关于做好 2000 年农业和农村工作的意见》（中发〔2000〕3 号）的有关精神，从 2001 年起，由中央扶持建立一批农业科技示范场。为规范项目管理，制定本办法。

第二条　农业科技示范场要以县乡农业技术推广机构为依托，以一定规模和相对稳定的土地为场所，以农业实用新技术、新品种试验示范、优良种苗繁育和实用技术培训为主要服务内容。

第三条　农业科技示范场一般建立在乡镇，以小型为主，其经营范围为种养业，一业为主，多业参与，综合服务。

第四条　农业科技示范场是独立运行的科技型推广服务实体，实行企业化管理，要不断创新运行机制和管理制度，提倡各地采用股份制、股份合作制等运营方式。

第二章 组织管理

第五条 农业科技示范场项目由农业部和财政部共同负责组织实施。农业部负责制定农业科技示范场项目建设规划，提出项目预算方案，组织项目实施；财政部负责农业科技示范场项目资金预算和监督管理，宏观指导项目建设。

第六条 省、市、县农业行政主管部门负责商同级财政部门，向上级农业行政主管部门提出本地区科技示范场建设规划和申请年度预算项目，并承担本地区项目管理。

第三章 项目管理

第七条 农业科技示范场项目的承担单位是县级农业行政主管部门，主要依托县乡农业技术推广机构组织实施，一些有基础的国有农场和良种场以及与农业部门合作开发的农民或企业兴办的农业技术试验示范基地，视条件也可以作为实施示范场建设项目的依托单位。根据区域特点，鼓励跨乡镇建立农业科技示范场。

第八条 农业科技示范场项目的具体承担单位应具备以下条件：

1、项目所在县乡政府重视农技推广工作，能积极提供多方面的扶持，能保证农技人员从事推广工作的时间；

2、农业科技示范场建设已经启动，并有了一定的土地、农业专业技术人员、技术设备、培训场所等基础，已初步发挥了示范作用；

3、有切实可行的项目规划，项目建设与当地农业主导产业和结构调整结合紧密，并在项目具体管理上体现机制创新的要求。

农业科技示范场建设无农技人员参与或不与农技推广工作挂钩的不予立项扶持。

第九条 农业科技示范场建成以后，应主要承担当地社会公益性的试验示范和推广任务，发挥以下作用：

1、通过在示范场内引进和采用新品种、新技术、新的耕作和管理方法，服务和引导农业结构调整，提高种养业生产能力和效益，成为农业新技术、新成果、新品种的试验示范基地。

2、通过接受农民咨询、印发农业科技信息资料、办培训班、现场示范等形式，把示范场办成市场信息反馈和实用技术培训的基地。

3、通过提供优质良种、种苗，成为优质良种、种苗的繁育基地。

4、通过农业科技示范场这个载体，探索农业科技推广新的运行方式和经营机制，为基层农技推广机构的改革提供条件。

第十条 各申报单位均应填报《农业科技示范场项目申请报告》。由各省（自治区、直辖市）农业行政主管部门会同财政部门，对申报项目进行审核后归口上报农业部，同时抄报财政部。

第十一条 农业部组织对申报项目进行评审，商财政部同意后，由农业部对省级农业行政主管部门批复立项，签订项目执行合同。

第十二条 省级农业行政主管部门于次年1月31日前将项目建设年度工作总结上报农业部，并抄报财政部。

第十三条 项目完成后于三个月内组织验收。由省级农业行政主管部门向农业部提出验收申请，农业部根据项目具体情况，会同财政部直接或委托有关部门组织抽查。

第十四条 中央财政投资形成的农业科技示范场的各项资产属于国有资产，由项目具体承担单位使用，任何单位或个人不得非法拍卖、侵占、平调和挪用。

第十五条 各级农业行政主管部门要明确专人负责项目档案管理，有条件的地方要使用计算机进行档案管理。

第四章 经费管理

第十六条 项目经费作为对农业科技示范场的一次性补助，用于农业科技示范场用地的治理、农业实用新技术和名特优良种及种苗引进、购买必要的小型仪器设备以及开展技术培训等方面。

第十七条 项目经费实行专帐管理，专款专用。不得用于建设房屋和人员机构经费支出，不得用于与示范场建设无关的支出。

第十八条 项目经费由农业部根据项目合同拨付到省级农业行政主管部门，由省级农业行政主管部门将经费转拨项目承担单位。

第十九条 各省（自治区、直辖市）农业行政主管部门应将上年度项目经费决算作为项目建设年度工作总结的附件一并上报农业部，同时抄报财政部。年度结余经费结转使用。

第五章 监督检查

第二十条 各级农业行政主管部门要加强对农业科技示范场项目实施情况的监督检查。必要时，可委托审计部门对农业科技示范场项目进行审计。

第二十一条 农业科技示范场项目建设期为 1 年。未在项目建设期内按批复方案完成建设任务或未通过验收的项目承担单位，两年内不准再申报新的项目。

第六章 附 则

第二十二条 本办法自公布之日起实行，各省（自治区、直辖市）农业行政主管部门可根据本办法制定本地区农业科技示范场项目实施管理细则。

第二十三条 本办法由农业部负责解释。

附：

农业科技示范场项目申请报告格式

一、农业科技示范场已有的基础条件

（一）基本情况

（二）机构人员状况

（三）基础设施状况

（四）经营机制及管理情况

（五）以往的工作成绩

二、项目规划

（一）项目内容

（二）组织管理

（三）发展目标

（四）中央项目经费的用途

（五）使用中央项目经费后，农业科技示范场的功能和要达到的服务水平

三、项目可行性论证

（一）经济效益分析

（二）社会效益分析

农业科技跨越计划项目
验收办法（暂行）

农科教发〔1999〕7号

第一章　总　则

第一条　为加强农业科技跨越计划项目管理，做好项目验收工作，根据《农业科技跨越计划实施管理办法（暂行）》及《农业部专项资金管理暂行规定》，特制定本验收办法。

第二条　验收工作坚持实事求是、客观公正、科学简便、讲求实效的原则。

第二章　验收范围和内容

第三条　凡列入农业科技跨越计划的项目，都要进行验收。

第四条　验收工作以项目合同和实施方案为依据，主要从计划指标、核心技术、技术体系、产业化前景、经费使用、组织管理、分工协作、对合作企业发展的影响以及经济、社会、生态效益等方面对项目任务完成情况进行评估。

第五条　项目在实施过程中，由于自然条件等客观因素变化，合同指标进行合理调整的，按批准后的合同指标进行验收。

第三章　验收组织和程序

第六条　项目验收由农业部科教司负责组织，亦可委托有关单位主持进行。

第七条　项目承担单位和首席专家按照合同规定的年限基本完成合同指标和任务后，可向主管部门提出书面验收申请，主管部门认真审核后，在正式验收前1个月向农业部科教司提交验收申请表，农业部科教司应在收到申请后15日内给予批复。经批准后，验收方可进行。如需进行现场验收的，可根据农时等情况提前提出验收申请。如按合同时间不能如期进行验收的，需向农业部科教司提出延期验收申请报告，经批准后方可延期验收。

第八条 申请验收的项目需提供以下文件资料：

（一）目执行情况自评估报告；

（二）项目形成的技术操作规程（或标准）；

（三）项目合同书；

（四）项目实施方案；

（五）项目验收信息表；

（六）项目经费决算表；

（七）项目验收申请表。

（八）由具备审计资质的机构出具的财务审计报告。

第九条 项目验收时成立验收专家组。专家组主要由科研、教学、推广、企业等部门的技术专家、经济专家和科技管理人员7-9人组成。专家组成员一般应具有高级技术职称，原则上，项目主管部门参加验收专家组的人员最多为1人；项目承担单位、协作单位、合作企业等相关人员不能作为验收专家组成员。验收专家组成员由申请验收单位推荐（推荐11-13人并附专家姓名、单位、职称、年龄、专业、电话等），由农业部科教司商财务司聘任。

第十条 验收方式可视各项目的具体情况，有针对性地采取现场验收、会议验收等多种方式进行。涉及保密性较强的项目，由农业部科教司根据《中华人民共和国保密法》和科技保密的其它有关规定，采取专门的验收方式进行验收

第十一条 验收专家组根据项目合同书内容，听取项目执行情况汇报，审查提交的技术文件，对现场或实物进行抽查核实后，独立提出验收评估意见。验收结果分为通过验收、需要复议和不通过验收三种。

第十二条 对照合同已完成计划任务指标要求、经费使用合理

的，视为通过验收。由专家组做出定性验收意见，并根据《农业科技跨越计划项目验收专家打分标准》进行打分。

第十三条 由于提供文件资料不详难以进行判断的，视为需要复议，在接到复议通知后 3 个月内重新提出验收申请，由农业部科教司再次组织验收。

第十四条 凡具有下列情况之一的项目，视为验收不通过。

（一）未完成合同规定的技术和经济指标的；

（二）验收文件材料不真实或有其它弄虚作假行为的；

（三）未经批准对合同有关内容和指标进行较大调整的；

（四）项目执行超过合同期，而又未获得延期验收批准的；

（五）经费使用有违规、违纪行为的。

第十五条 项目验收通过的，项目承担单位和主管部门应在验收结束后 15 日内将全套验收材料重新整理编印成册，一式 4 份报送农业部科教司。

第四章 奖 惩

第十六条 对项目实施成效显著的承担单位及首席专家给予通报表彰。

第十七条 项目验收不能通过的，项目主管部门 3 年内不得再组织申报跨越计划项目，首席专家和承担单位 5 年内不得再承担跨越计划项目，并根据具体情况追究有关方面的责任。

第十八条 凡违反资金使用规定的，追究项目承担单位、首席专家、主管部门及有关人员的责任。

第十九条 实施过程中因人为因素造成重大损失和恶劣社会影响的项目，要追究当事人和有关单位的行政、法律责任。

第五章 附 则

第二十条 本办法由农业部科教司负责解释。

第二十一条 本办法自公布之日起施行。

农业科学技术保密规定

（2000 年 7 月 6 日中华人民共和国农业部发布）

第一章 总 则

第一条 为确保农业科学技术中的国家秘密（以下简称农业科技秘密），根据《中华人民共和国保守国家秘密法》和《科学技术保密规定》，结合农业实际，制定本规定。

第二条 农业科技秘密是指关系国家安全和利益，依照法定程序确定，在一定时间内只限一定范围的人员知悉的农业科学技术事项。农业科学技术保密是指对农业科技秘密的保密。

第三条 农业科学技术保密工作既要保障农业科技秘密的安全，又要有利于我国农业科学技术的进步和普及，有利于农业和农村经济的发展。

第四条 农业科学技术保密应当突出重点，确保重要农业科技秘密的安全，有控制地放宽一般农业科技秘密的交流与应用。

第五条 农业科学技术保密工作是各级农业科技管理部门的重要职责，应当与我国农业科学技术管理工作相结合。做好农业科学技术保密工作应当依靠广大农业科技工作者。

第六条 农业部负责指导农业系统的科学技术保密工作。农业部科学技术与质量标准司（以下简称农业部科技司）负责日常管理工作。主要职责是：

1、贯彻执行国家科学技术保密工作的方针、政策，制定农业科学技术保密的规章制度；

2、指导农业科技秘密事项的确定和调整工作；

3、按规定审查和审批涉外的农业科技秘密事项；

4、参与农业系统涉及农业科技秘密的重大科技活动和涉外科技活动，配合有关部门制定专项保密方案；

5、协助保密工作部门检查、督促农业系统的农业科学技术保密工作和查处泄密事件；

6、开展农业系统的农业科学技术保密宣传、教育和培训工作。

7、表彰、奖励农业系统的农业科技保密先进单位和个人。

农业部有关业务司局协助做好农业科学技术保密工作。

第七条 省（自治区、直辖市）农业行政主管部门在农业部和所在省级科技主管部门指导下，负责管理本地区农业科学技术保密工作。主要职责是：

1、贯彻执行国家科技保密工作的方针、政策及农业科学技术保密的有关规定，制定农业科学技术保密规章制度；

2、协助农业部、省级科技主管部门做好农业科技秘密事项的确定和调整工作；

3、参与审查涉外农业科技秘密事项；

4、参与涉及农业科技秘密的重大科技活动和涉外科技活动，协助有关部门制定专项保密方案；

5、协助保密工作部门检查农业科学技术保密工作，依法处理泄密事件；

6、开展农业科学技术保密宣传、教育和培训工作；

7、表彰、奖励农业科学技术保密先进单位和个人。

第二章 农业科技秘密的范围和密级

第八条 关系国家重大利益，一旦泄露会造成下列后果之一的农业科学技术，应当列入农业科技秘密的范围：

（一）削弱国家的防御和治安能力；

（二）影响我国农业技术在国际上的先进程度或者国际竞争能力；

（三）失去我国农业技术的独有性；

（四）严重损害我国的经济利益；

（五）损害国家声誉和对外关系。

第九条 农业科技秘密的密级

（一）绝密级

具备下列条件之一的应当定为绝密级：

1. 技术水平居国际领先，并且对国防建设或者经济建设具有特别重大影响的；

2. 能够导致农业高新技术领域突破的；

3. 能够整体反映国家防御和治安实力的。

（二）机密级

具备下列条件之一的应当定为机密级：

1. 技术水平处于国际先进水平，并且具有军事用途或者对经济建设具有重要影响的；

2. 能够局部反映国家防御和治安实力的；

3. 我国独有、不受自然条件因素制约，并且社会效益和经济效益显著的传统工艺。

（三）秘密级

具备下列条件之一的应当定为秘密级：

1. 技术水平处于国际先进水平，并且与国外相比在主要技术方面具有优势，社会效益或者经济效益较大的；

2. 我国独有、受一定自然条件因素制约，并且社会效益或者经济效益很大的传统工艺。

第十条 有下列情形之一的，不列入农业科技秘密的范围：

（一）国外已经公开；

（二）在国际上无竞争能力且不涉及国家防御和治安能力；

（三）纯基础理论研究成果；

（四）在国内已经流传或者当地群众基本能够掌握的传统工艺；

（五）主要受当地气候、资源等自然条件因素制约且很难模拟其生产条件的传统工艺。

第十一条 农业科学技术原则上不定为绝密级。确需定为绝密级的，应当符合本规定第八条关于绝密级的规定，并按规定上报审批。

第三章　农业科技秘密密级的确定、变更及其解密

第十二条　农业科技秘密事项应按下列规定确定密级：

（一）技术产生单位应当按照本规定第七条和第八条规定及时确定密级；

（二）制定科研计划、规划时，有关单位应当按照本规定及时确定项目的密级。科研项目在结题验收、鉴定时，应当对其密级重新进行评价。

（三）有关单位在农业科技秘密事项的密级确定后三十天内按以下程序上报：

1、农业部部属单位完成的，报农业部科技司；

2、地方农业部门及其所属单位完成的，通过本省（自治区、直辖市）农业、畜牧、水产、农垦、农机、乡镇企业主管厅（局）的科技机构报省（自治区、直辖市）科技主管部门（简称省级科技主管部门）。

（四）其他单位和个人完成的科学技术成果，由其所在省级科技主管部门确定密级并予以管理。确定为农业科技秘密的，应当及时确定其密级、保密要点及保密期限。农业科技秘密一经确定即具有法律效力，有关单位和人员应当按保密规定进行管理。

第十三条　农业科技秘密事项有下列情形之一的应当及时变更密级：

（一）知悉范围拟作较大改变的；

（二）一旦泄露对国家利益的损害程度会发生明显变化的。农业科技秘密事项密级的变更，由秘密事项持有单位按照第十二条第三项规定的程序通过农业部科技司或者省级科技主管部门报国家科学技术部审定。

第十四条　农业科技秘密事项有下列情形之一的应当及时解密:

（一）技术趋向陈旧，失去保密价值的;

（二）为使我国该项技术占领国际市场，且已有接替技术或者国外即将研究成功的;

（三）已扩散而且很难采取补救措施的;

（四）已在大范围推广，保密性较差的;

（五）可以从公开产品中获得的。

农业科技秘密事项保密期限届满后不再延长的，自行解密。

对需在保密期限内解密的农业科技秘密事项，有关单位和个人可以提出解密建议。秘密级的，按第十二条第三项规定的程序报农业部科技司或者省级科技主管部门审定;机密级、绝密级的报国家科学技术部审定，其中由部属单位完成的须经农业部科技司报国家科学技术部审定。

第十五条　确定密级的单位认为需要继续保密的，应当提出延长保密期限的建议。部属单位应当在保密期限届满前六十天内报农业部科技司审批。农业部科技司在保密期限届满前将审批结果通知有关单位。

第十六条　农业部科技司对部属单位农业科技秘密事项的确定、变更及解密不符合国家有关保密法规和本规定的行为，有权予以纠正。

第十七条　农业部科技司于每年3月31日前将上一年农业科技秘密事项的确定、变更、解密情况上报国家科学技术部审核，并将审核结果及时通知有关单位。

第四章　农业科技秘密保密管理

第十八条　一切单位和个人应当严守农业科技秘密，在下述活动中不得涉及农业科技秘密:

（一）进行公开的学术交流、进修、研修、考察、合作研究等;

（二）利用广播、电影、电视以及公开发行的报刊、书籍、图文资料和声像制品进行宣传或者发表论文等活动；

（三）举办公开的展览、技术表演、会议等活动；

（四）在无保密措施的情况下进行计算机网络操作、打电话、发传真等。

第十九条　经国家科学技术部、国家保密局审核并发布的农业科技秘密，其持有单位应当严格按照《国家秘密技术项目持有单位管理暂行办法》进行保密管理。

第二十条　参加项目评估、评审、验收、鉴定等活动的专家及相关人员不得擅自披露农业科技秘密资料、文件或者信息。

第二十一条　在对外科技交流合作中，确实需要对外提供农业科技秘密的，应当依照国家保密局《对外经济合作提供资料保密暂行规定》办理审批手续。因工作确需携运农业科技秘密资料、物品出境的，应当按照国家保密局和海关总署制定的《关于禁止邮寄或者非法携运国家秘密文件、资料和其它物品出境的规定》进行保密审查，并办理出境手续。

第二十二条　接待境外人员参观农业科技秘密事项，应当由接待单位按照第十二条第三项规定的程序报农业部科技司或者省级科技主管部门审批。

第二十三条　农业科技秘密技术的出口，应当按照《国家秘密技术出口审查规定》办理审批手续。

第二十四条　农业科技秘密在国内转让应当经技术完成单位的上级主管部门批准。并在合同中明确该技术的密级、保密要点、保密期限及受让方承担的保密义务。技术转让后应当按照第十二条第三项规定的程序报农业部科技司或者省级科技主管部门备案。

第二十五条　以农业科技秘密在境内同境外的企业、其他经济组织和个人开办合营合资企业的，应当在立项前按照第十二条第三项规定的程序报农业部科技司或者省级科技主管部门审批；在境外合办企业的，视同农业科技秘密技术出口，应当按本规定第二十三条执行。

第二十六条 推广应用农业科技秘密技术，应当选择有相应保密条件的单位进行，有关人员均负有保守农业科技秘密的义务。

第二十七条 知悉有关农业科技秘密的人员退、离休或调离原单位后，在该农业科技秘密解密前，应当继续承担保密义务，遵守有关保密规定。

第二十八条 对参加农业科技秘密研制的科技人员，有关部门和单位不得因其成果未公开发表、交流、推广而影响其评奖、表彰和职称的评定。

对确因保密而不能在境内外刊物上发表的论文，有关部门和单位应当对论文的实际水平给予评价。

第二十九条 各级农业行政主管部门和有关单位应当做好农业科技秘密档案管理工作，建立严格的归档、利用、保管和销毁保密资料等管理制度。

第三十条 绝密级的农业科技秘密在保密期限内不得申请专利或者保密专利。机密级、秘密级的农业科技秘密在保密期限内可以申请保密专利，但属机密级并由部属单位完成的应当经农业部科技司报国家科学技术部批准；秘密级的应当按第十二条第三项规定的程序报农业部科技司或者省级科技主管部门批准。机密级、秘密级的农业科技秘密申请专利或者由保密专利转为专利的，应当按照本规定第十四条的规定先行办理解密手续。

第三十一条 各级农业行政主管部门和有关单位按照保密有关规定对为农业科技保密工作作出贡献、成绩显著的集体和个人，应当给予奖励；对于违反国家或者农业部科技保密规定的行为，应当给予批评教育；对于情节严重，给国家安全和利益造成损害的，应当依照有关法律、法规给予有关责任人员行政处分；触犯刑法的，由司法机关追究其刑事责任。

第五章 附 则

第三十二条 农业部门涉及其他部门或者行业的国家科技秘密事项，按国家或者有关部门科技保密规定执行。

第三十三条 本规定由农业部负责解释。

第三十四条 本规定自发布之日起实施。